目　录

第三辑　跟党走是信仰的力量

第四辑　每个青年都是颗"种子"

第五辑　"90后"的长征路任重道远

前　言

　　2016 年是中国共产党建党 95 周年，也是红军长征胜利 80 周年。为了让当代大学生牢记历史、不忘初心，弘扬长征精神、继承"红色基因"，2015 年 8 月 1 日起，长江日报联合共青团湖北省委共同发起"红军从我家乡走过——百名大学生眼里的长征"暑期社会实践征文活动，邀约全国各高校大学生追访红军长征足迹，讲述自己家乡变化，弘扬长征精神。

　　"红军从我家乡走过"的活动推出后，受到全国各地高校学生们的关注，来自全国 15 个省份的千余名大学生报名。参加社会实践征文活动的学生遍布河南、重庆、贵州、山西、湖南、湖北、福建、四川、陕西、甘肃、宁夏、江西、广西、云南等十多个省、自治区、直辖市，来自全国近百所高校。

　　我们将符合活动条件的大学生组成 100 个小组，分头展开社会实践调查，并提交了活动征文。此书中选登了 31 篇大学生优秀作品，由百名大学生分组完成，真实再现了当代青年眼里的长征。

　　在收到的征文里，同学们用"90 后"的视角充分展现红军曾经走过的地方，在 80 年后的今天发生的翻天覆地变化。在这群"90 后"的字里行间中，我们感受到这次对红色家乡的探访，已经将长征精神深植到他们心中，成为灌溉他们信念成长的精神源泉。

在本书发行前夕，《长江日报》陆续选登了部分优秀征文，不少读者点赞这些年轻人的文字中流露出他们成为中国民族事业奋进者、开拓者、奉献者的决心；感受到了他们心怀国家、民族现状与未来的责任和担当。

长征故事灌溉心灵

江西于都：长征第一渡

朱　缙（武汉大学金融学 2014 级本科生）

康志明（武汉大学临床医学 2014 级本科生）

调研时间：2016 年 7 月至 8 月

调研地点：江西于都县城

于都县地处江西赣州东部，东邻瑞金市，是中央苏区时期中共赣南省委、赣南省苏维埃政府所在地，是中央红军长征集结出发地。

1934 年 10 月，毛泽东、朱德、周恩来、邓小平等老一辈革命家率领中央红军主力 8.6 万人集结于都，分别从于都河北岸 8 个渡口渡过于都河，迈出了二万五千里长征的第一步。于都河因此有了"中央红军长征第一渡"之美称。

80 多年前，抢渡于都河是怎样一番情景？怀着对革命先辈的崇敬之心，调研组一行来

毛泽东同志旧居　朱缙摄

中央红军长征出发地东门
渡口遗址　　**朱缙摄**

到于都县，实地探访。

"一送（里格）红军，（介支个）下了山，秋风（里格）细雨，（介支个）缠绵绵……"雄壮激昂的歌声中，带着离别的伤感。歌曲《十送红军》还原了当时军民在于都渡口的惜别之景。在于都县，我们了解到长征第一渡的详情。

1934年9月，第五次反"围剿"失利，红军被迫战略转移。10月8日开始，红军一、三、五、八、九军团和第一、第二野战纵队分别从原驻地兴国、宁都、石城、长汀和瑞金陆续撤离，转移到于都的段屋、车溪、罗坳和县城，集结休整，补充武器弹药、兵员、粮食等，布置转移西进事宜。于都山水相连、民风淳朴，境内多丘陵，得天独厚的隐蔽环境给予大部队行动诸多便利。

10月16日至19日傍晚，中华苏维埃共和国中央革命军事委员会（简称"中革军委"）、红军总司令部和苏维埃临时中央政府所属机关与红一、三、五、八、九军团共8.6万余人，渡过于都河，踏上长征路。

渡河历时4天，渡河地点分布在于都城东门等8个渡口。当时，河上没有桥，于都人民拆门板、床板，甚至有的老人将自己的寿木捐献出来，在于都河上架起了5座浮桥。渡河过程中，于都人民为红军顺利渡河不遗余力，出现"家家夜不闭户"的景象。

当时，于都人民响应"扩大百万铁的红军"的口号，踊跃参军，几乎每5个于都人中就有1个参加红军。于都有6.8万人参加红军，10万余人支前参战，有名可查的烈士16336人。

于都全县上下积极筹粮筹款，长征最开始一周的口粮大多是在这里筹集的。于都人民还组织了近万名民工随军出征，为长征出发提供了强有力的后勤保障；安置和保护了1万多名留在苏区的红军伤病员及红军家属，解除了前方将士的后顾之忧。

在红军长征出发纪念馆，引导员为我们介绍红军长征穿的草鞋："红军穿着它去打仗，既不怕雨天路滑，也不怕山高滩险。"

这位引导员告诉我们，在江西省于都县罗坳镇，有一位78岁的红军后代、草鞋艺人陈罗寿。陈罗寿的父亲当年揣上自家打的草鞋，跟随红军渡过于都河，踏上了长征路，后来不幸牺牲。父亲去世那年，陈罗寿两岁，为了生计，他很小就用父亲以前用过的工具，学会了打草鞋，并把这项家传手艺继承下来。

如今，随着时间的流逝，以前家家户户都有的草鞋，现已难觅踪影。陈罗寿经常参加打草鞋技艺演出，或去学校给学生讲红军和草鞋的故事，孩子们都很爱听。陈罗寿说他会把草鞋一直做下去，因为这段革命记忆需要铭记。

在这片饱含热泪的土地，有最质朴的父老乡亲、最可敬的红色之心。

在烈士纪念公园，一位老人向我们回忆起他9岁时的那个秋天黄昏：母亲牵着他的手，站在人来人往的浮桥边，焦灼地守望他的父亲。"同村一起参军的人此前告诉母亲，父亲在兴国的一场战役中牺牲了，但母亲不信。她走了两天山路，带着五双布鞋和番薯干，到了东门渡口。"一天，两天，三天，队伍就要走完了，她没有看见丈夫。后来，她走近渡河的红军队伍，脸上挂着微笑，把5双布鞋塞给5位不相识的红军，转身离去。

此后多年里，母亲独自把儿子抚养长大，相信有一天丈夫会回来与她团聚。新中国成立后，政府送来了"北上无音讯"的烈士证书，但母亲到死都没有放弃希望，念叨着："他一定是从别的渡口走了。"老人虽然

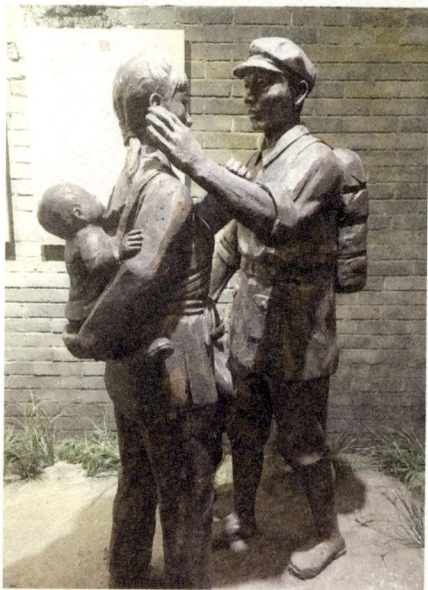

长征纪念馆内，反映红军在于都与亲人离别的雕塑

朱绮摄

没有父亲的画像，但对父亲非常怀念，不仅因为他是父亲，更因为他是一位英雄。

于都人民习惯了对英雄的等待。我们得知，很多于都家庭都有烈士先辈，在烈士纪念公园内，这份凝聚着红色情谊的亲情异常浓烈。

采访中，我从于都人民质朴的语言中，体会出他们对这片土地深深的眷恋，尤其是经历过战争年代的老人对革命的忠诚，令人感动。经历过苦难之人才能懂得幸福生活的来之不易，他们的每一个故事都是那么真实，那么感人。

于都人的红色情怀提醒我们：革命传统是一笔珍贵的财富，传承它的重任正落在我们年轻人肩上，我们不能忘记这些为革命舍生忘死的先辈们，长征精神要传承和弘扬下去。

如今，长征精神依旧在引导着于都的发展。随着"一江两岸"的建设规划、新型商业中心的开发与完善，于都日新月异。

红军长征第一渡纪念碑园位于于都县城东门外东门渡口，如今的渡口早已不见当年荒草丛生的景象，当地政府将这里修建成一片漂亮的纪念区。在这里，可看到于都县渡江大桥、长征纪念园、红军长征出发纪念馆等纪念场所。

长征第一渡纪念园外，一名 90 后告诉我们，他经常来这里走一走，怀想过去的艰辛，感慨于都河两岸今天的崭新面貌。"这里有厚重的革命历史，也有美丽光明的今天，做一名于都人我感到自豪。"从他的话语中，我们感受到于都翻天覆地的变化，也明白正是红军战士当年的牺牲，才有今天人们的幸福生活。

纷飞战火早已远去，一座具有现代化活力的城市正在崛起。历史照亮现实，精神引领未来，"长江第一渡"正成为于都的城市符号，激励人们走上新的长征路。

今天于都的巨变令我们思考：长征精神作为革命前辈身体力行留给我们的"礼物"，其含义已经超越了当时的历史范畴，我们无时无刻不在经历一场又一场的"长征"。践行长征精神不能仅仅停留在口头上。作为新时代的大学生，我们身上肩负着建设祖国的重任。转型时期的中国需要多种多样的人才，需要大学生认真钻研自己的专业。要时刻铭记自己的使命，不虚度每一分每一秒，为国家发展、人民幸福贡献力量。

湖南新化：四代乡亲祭扫无名烈士墓

杨　乐（武汉大学地理国情监测 2014 级本科生）

陈音佑（中南财经政法大学劳动与社会保障 2015 级本科生）

调研时间：2016 年 7 月至 8 月

调研地点：新化县奉家镇上团村红二、六军团长征司令部旧址

新化县，隶属于湖南省娄底市，位于湖南中部。1935 年 12 月 12 日，贺龙、任弼时、关向应率中国工农红军第二军团进入新化县奉家镇上团村，设军团部于此。旧址反映了红二军团在红军长征时期为战胜强敌，顺利实现战略转移，沿途积极开展革命斗争，进行革命宣传的一段难忘的历史。

7 月 30 日，我们踏上了赶往新化县奉家镇的路途。经过 4 个小时的车程，其间接连翻山越岭，我们终于在中午 12 时左右来到了目的地，根据指示牌走向红二、六军团长征司令部旧址——竹园。

红军从我家乡走过
——百名大学生眼里的长征

奉家镇上团村红二、六军
团长征司令部旧址外观

杨乐 摄

我们一行从建筑的侧门进来，四栋房子围成了严严实实的大宅院。正门"竹园"二字已有些模糊。门的左边悬挂着"中国工农红军红二六军团司令部旧址"几个大字，令人肃然起敬。右侧的石碑显示，此地现在是"湖南省文物保护单位""全国重点文物保护单位"。

走进大宅子，最吸引人眼球的便是几处写有毛主席语录的木板了。巴掌大的字，四四方方，那个时代的气息扑面而来。"我们应该深刻地注意到群众生活的问题，从土地、劳动问题到柴米油盐问题""我们的原则是党指挥枪，而决不容许枪指挥党"等等。

上团村文化站奉小平站长带着我们走进竹园，一推开木门，一张椭圆形的大木桌出现在眼前，两旁的墙上悬挂着长征路线图和长征途中的情景漫画，将红军长征的大致过程生动地展现出来了。墙的右侧还悬挂有贺龙元帅的照片。

我们了解到红军在新化的相关历史：1935 年 11 月 27 日，红六军团军团部和十六、十七师从安化润溪坪口进入新化，11 月 28 日到达新化县城。12 月 12 日，红二军团四、五、六师 9000 余人在贺龙、任弼时等率领下也从溆浦进入新化县永靖乡境内，司令部设在上团村。在新化、锡矿山两地，参加红军的青壮年达 2000 余人，筹集银元数万元。12 月 5 日，红六军团前往溆浦，12 月 18 日，红六军团在老鸦田战斗大捷后前往隆回寨市。

见我们参观完旧址后意犹未尽，奉站长主动提出带我们去见见村里 82 岁的老人奉名举。老人说，红军过上团村时，他才两岁，还不懂事，但他从小一直听家人讲说红军长征的故事。

老人介绍，红二军团 9000 余人于 1935 年 12 月 12 日来到奉家镇，军团司令部设在上团村的竹园，贺龙等军团首长在此居住了一个多星期。红军刚来时，村里很多人都不知道这支部队到底是什么来头，但见他们衣服虽然整洁，但已洗得发白。这里的百姓长期遭受兵祸之苦，国民党地方武装乘机造谣惑众，说红军比土匪还厉害，共产党"共产共妻"。老百姓十分畏惧，避而远之。看到这种局面，红军每到一处都大力宣传，战士们用亲身经历讲解红军宗旨，宣传抗日救国的道理，得以缓解此局面。

老人说，红军所到之处军纪严明，对老百姓秋毫无犯，还热心帮助老百姓挑水、劈柴，救助接济困难群众。看到红军对素不相识的贫苦人如此古道热肠，群众都十分感动，后来许多老百姓在路上碰上红军，都会主动打招呼，邀请红军到家中做客。很多缝纫工人，自觉地将生产工具集中起来，三人一组，五人一群，为红军缝制米袋和行军袋。一些群众利用碾坊为红军加工粮食。而遇到要村民帮忙挑担的情况，红军也会支付给村民工资。

奉站长介绍，最近几年不少人慕名来到奉家镇，想拜访红军长征遗迹。他对新化县着力打造红色文化品牌表现出极大的期待。他认为，长征精神是永不过时的，打造红色文化品牌，吸引更多游客前来，无疑会让更多人了解红军长征历史。

奉站长还跟我们讲了一个感人的故事。在奉家镇墨溪村12组，村民每年都会祭拜村里的红军无名烈士墓。故事要从1935年说起。当年12月12日，墨溪村村民奉写地家门前的大路上，一整天都有红二军团将士走过。天黑时，奉写地家住进了6名红二军团战士，这些战士因为其中一位四十多岁的老战士胃痛而落伍。在缺医少药的情况下，大家给生病战士做了土法治疗，但毫无效果。第二天早饭后，战士们要走，胃痛战士已经奄奄一息，但他说："大家走，不要管我！"最后，其中一人留下两块银元，委托奉写地照顾，同其他4名战士走了。是日中午，生病战士停止了呼吸。临终前，奉写地将战士搂在怀里听遗言，这位战士只微笑了一下，嘴巴紧闭，直到瞑目。奉写地叫来邻居奉显情，将烈士遗体缠好4层稻草后，抬进深山安葬。为了让后人缅怀，他俩为烈士筑了高大的坟堆。

在接下来的几十年里，奉写地和奉显情年年给烈士扫墓。奉写地辞世后，他儿子奉名秤年年约上奉显培、罗承忠等乡亲给烈士扫墓。

罗承忠是共产党员，征得原上团公社领导同意后，以"中共上团公社委员会""上团公社革命委员会"的名义，给烈士立了一块碑，碑文刻有"红军不怕远征难，万水千山只等闲。红军烈士墓"等字。罗承忠临死前留下遗言："我的坟墓要跟烈士在一起。"遵遗嘱，后人将罗承忠埋在红军墓下面3米处。

如今，村民每年给长眠在此的红军烈士扫墓，成为奉家山的传统，已经接力至第四代乡亲。

2016年3月，娄底市娄星区、新化县、冷水江市、双峰县、涟源市5个区被认定为革命老区。娄底市百姓不忘长征精神，共筑中国梦，使娄底成为环长株潭城市群中极具发展潜力与活力的重要城市。

在调研走访中，不少娄底百姓介绍了他们眼中的变化。

上团村奉名举老人说:"咱老百姓的日子和以前大不相同咯!在党的带领下,人们再也不用愁吃愁穿,村民们的生活越来越有滋味,年轻人找到了心仪的工作,老年人的生活也有保障。"

上团村李阿姨说:"以前,我们农民种田要交农业税,现在不但不用交农业税,国家还给我们补助。民以食为天,我们农民感谢党的这些好政策。"

娄底清洁工于殿强说:"现在大家爱护环境的意识越来越强,尤其是自从娄底争创文明城市以来,到处都是碧水蓝天,路边想见到小纸屑都难,我每天的工作也轻松了很多。"

市民常艳梅女士告诉我们:孩子刚出生那会儿,一家三口挤在二十来平方米的小屋里,夫妻两人工资加起来不过四五百。如今,百姓的生活水平是真的提高了,他们家搬进了一百多平方米的房子,工资加起来一年能有十来万。

2016年正值红军长征胜利80周年。80年的风云激荡,长征精神并没有因为岁月的更迭而失去其灿烂的光辉,反而因时间的沉淀显得愈加厚重。时至今日,我们常常从长辈乃至同龄人口中听到"苦不苦,想想长征两万五"这样的话语。80年或许是一个人的一生,但对于一种精神、一种传承而言,这恰恰是蓬勃向上的时期。

习近平总书记说,红军长征创造了中外历史的奇迹。革命理想高于天,不怕牺牲、排除万难去争取胜利，面对形形色色的敌人决一死战、克敌制胜，这些都是长征精神的内涵。今天的人们，无须再啃树皮、吃野菜，无须再徒步两万五千里。但在我们前进的道路上，依然是荆棘与鲜花并存。而要想走好新时代的路，仍旧需要我们不忘初心，贯彻好属于我们自己的长征精神，坚持不懈，信念永存！

"天下兴亡，匹夫有责！"作为新时代的大学生，我们有责任去了解伟大的先烈、伟大的长征，传承与发扬长征精神。我们需要始终铭记一点：没有革命先烈的前仆后继、浴血奋战，没有红军勇士们的不畏艰险、斗争奉献，就没有新中国，也不会有如今我们的幸福生活。心怀感激，用心去体会长征精神，努力汲取科学文化知识，持之以恒，全面砥砺自我、提升自我，只有这样，我们才能成为真正的国家栋梁，将来更好地报效祖国！

湖南张家界：老红军的叮嘱

易颖湘（郑州大学市场营销 2014 级本科生）

金小涵（湖南工业大学汉语言文学 2015 级本科生）

调研时间：2016 年 7 月至 8 月

调研地点：湖南省张家界市慈利县、桑植县

　　张家界是湖南省辖地级市，原名大庸市，位于湖南西北部，是湘鄂渝黔革命根据地的发源地和中心区域。1934 年，中共湘鄂川黔省委在张家界市慈利县溪口镇建立了区、乡苏维埃政权。1935 年 2 月，红六军团首长萧克在此指挥了著名的棉花山阻击战。1935 年 11 月 19 日，贺龙、萧克率领红二、六军团 1.8 万余人作为红军长征的最后一支部队，从桑植县刘家坪出发长征。

　　1934 年 10 月 24 日，贺龙、关向应领导的红二军团，同任弼时、王震、萧克领导的红六军团会师以后，结成一个团结统一的整体，完成了策应中共中央和红一方面军的长征任务，恢复和发展了湘鄂川黔革命根据地。

随着红二、六军团战果的不断扩大和革命斗争的进一步深入，蒋介石反革命集团再也坐不住了，赶紧调兵遣将，派出 40 余万兵力，气势汹汹地向苏区包抄而来，欲置红二、六军团于死地。

1935 年 11 月 4 日，中共湘鄂川黔省委和军委分会，在桑植县刘家坪召开会议，形成一致意见：实行战略转移，跳出包围圈，转到外线作战。1935 年 11 月 19 日，红二、六军团从桑植县刘家坪出发，继续长征。1936 年 10 月 22 日与红一、四方面军在陕北会师，取得了红军长征的伟大胜利，成为中国工农红军的三大主力之一。

盛夏的刘家坪，抬眼望去，青山环抱，满目葱绿，一派美丽的田园风光。80 多年前，就在这个安静的小村庄里，红军与老百姓和谐相处，有很多鱼水情深的故事。在桑植当地，有《门口挂盏灯》这样一首民谣："睡到半夜深，门口在过兵……不要茶水喝，又不扰百姓……门口挂盏灯，照在大路上，同志好行军"。通俗易懂的歌词，朗朗上口，抒发了土地革命战争时期老区人民对红军的真挚情怀，也体现了贺龙、萧克等老一辈革命家与苏区人民的鱼水相依。

慈利县溪口镇有一棵"红军树"，它也"讲述"了一段军民血肉相连的往事。

溪口建镇于清末，贺龙、萧克率领红二、六军团在这里建立过苏维埃政权。位于溪口镇王家坪村

红军树　　　易颖湘摄

的古樟"红军树"远近闻名，硕大的千年香樟雄伟壮阔、高耸挺立。1934年10月的一天，贺龙和萧克带领红二方面军来到这棵古樟下，召开了农民协会成立大会。会上，贺龙慷慨激昂地说："红军指战员与诸位父老乡亲，时至今日，大家还过着衣不遮体、食不果腹的清贫生活，我贺龙十分内疚，对不起各位同胞兄弟。"接着，他面对身旁的古樟，用手拍了几下，十分风趣地说："我们干革命，就要像它一样，风吹雨打，顶天立地。"

为了不忘这一段历史，群众在古樟上写下了醒目的"红军万岁"四个大字。后来，由于革命形势的需要，红军撤出，敌人反扑回村，不论是对贺龙，还是对古樟，都恨之入骨。敌人叫了两个彪形大汉，用一把三尺多长的钢锯，妄图把古樟锯断。谁知道他们刚拉了三下，从树上落下一根粗大的干枝，打在其中一个大汉的脑门，把他打翻在地，另一个家伙扔掉锯子，惊叫"有贺龙"，狼狈逃走。从此以后，为了怀念红军和贺龙而起名的"红军树"，就代代传开了。1935年2月，贺龙不费一枪一弹，收编了李吉儒的一支上千人的群

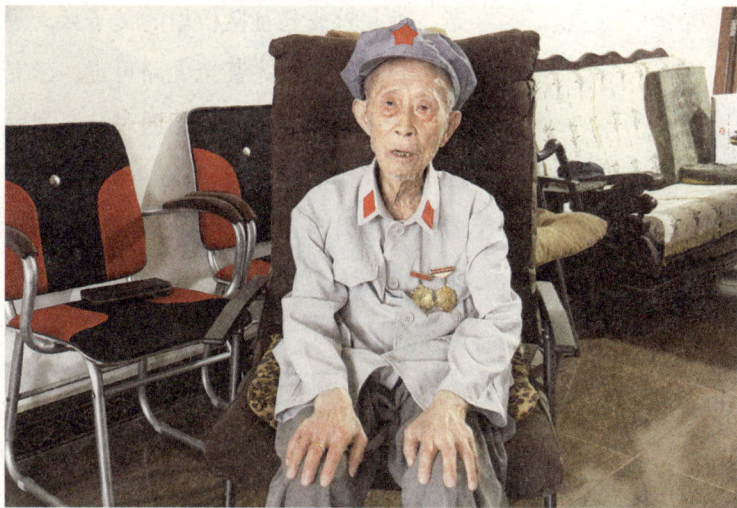

老红军彭俊明　易颖湘摄

众武装，此树下也成为贺龙开会运筹帷幄指挥作战的
重要场所，现已经成为青少年爱国教育示范基地。

7 月 16 日一早，我们乘车前去拜访桑植县国税
局退休干部、老红军彭俊明。在彭老家中墙壁上有一
张彭老穿着红军装的照片，此时他虽已 95 岁高龄，
但仍英姿飒爽，充满气概。见我们来，彭老特意换上
他的红军装，还佩戴上勋章。坐在镜头前的他，虽老
态龙钟，但精气神十足，一提起长征，彭老就激动不
已，话匣子被打开，故事娓娓道来。

彭俊明生于 1921 年，幼时过继到伯父（以下称
"父亲"）膝下。1933 年，12 岁的他随父亲参军，在
独立团中任通信员。1935 年 11 月 19 日，红二、六
军团分别从桑植的刘家坪、瑞塔铺、县城、金家台等
地出发，踏上了万里长征之路。14 岁的彭俊明和父

亲，就是这支长征队伍里的父子兵。

长征路艰险，甚至无路可走。彭老描述，有一次途经云南某地，与敌人相遇对峙。国民党的飞机狂轰滥炸，战士们伤亡惨重，彭与两名战士在一棵枞树下隐蔽，但几匹战马来不及牵走，敌机丢下炸弹炸马，把他们三人震出一丈多远。一名战士牺牲了，他却与死神擦肩而过，保全了性命，但耳朵受到严重损伤。

"五岭逶迤腾细浪，乌蒙磅礴走泥丸"。爬雪山、过草地，彭老一一叙述。我们简直不敢相信，这些只在历史教科书上听过的故事，竟然真实地发生在眼前这个老人身上。

1936年10月22日，彭与其父亲跟随贺龙领导的红二方面军，转战湘、黔、滇、康、川、青、甘、陕8省，历时1年，行程2万余里，进行大小战斗110多次，在甘肃的将台堡与红一方面军胜利会师。

之后，彭护送父亲回家休养。父子俩隐姓埋名，四处躲藏，最后回到桑植县。新中国成立后，彭老与伯父回到贺龙所在的西南军区第二野战军部队。1952年，父亲身体抱恙正式退休，彭二次陪同他返乡，从事公社工作。1969年，调进桑植县财政税务局，兢兢业业，直到1979年光荣离休。

作为长征中的幸存者，彭老十分珍惜现在的幸福生活。临走前，他嘱托我们，一定要珍惜时光，好好学习，用知识报答社会。

这次调研，大多数故事都绕不开贺龙元帅这个名字。参观中我们了解到，不仅贺龙，包括他的兄弟姐妹都是伟大的革命者，多人牺牲。其妹贺满姑，湘鄂西工农革命军最早的军事干部和妇女干部，1928年2月被敌人俘获后，遭到凌迟处死；其弟贺文掌，被敌人活活蒸死。自1934年率红二军团离开故乡桑植，与红六军团会师转战黔川边境，直到1969年逝世，贺龙一次也没回过故乡，他把毕生的精力和心血都奉献给了党和人民。2006年6月27日，贺龙元帅骨灰安葬仪式在湖南张家界天子山贺龙公园隆重举行。戎马一生的壮士终于落叶归根，魂归故土。

充满血雨腥风的革命年代已经远去。如今，桑植人民在这片土地上安稳地生活着，他们在贺龙走过的"贺龙桥"上歇息，在贺龙曾战斗的地方建高楼、谋发展，他们敬贺龙，爱贺龙，并像当年贺龙元帅一样，每个人都在为家乡的美好未来贡献着自己的力量。

一方水土养育一方儿女，一方儿女创造一方精神与文化。当年革命先辈们给张家界留下了不朽的革命篇章，如今后人们也在书写着自己的奋斗史。近年来，张家界实施旅游带动战略，围绕旅游，调整农业，振兴工业，搞活商贸，繁荣文化，建设城市，以旅游业为龙头，带动经济全面发展和社会全面进步。据国家旅游局刚刚出炉的2016年上半年统计数据，张家界接待游客2210万人次，实现旅游总收入197亿元，同比分别增长37%、44%，增幅创建市28年以来新高，居同期全国同类城市第一。除此之外，上半年张家界投资突出效益，完成固定资产投资总量110.65亿元，同比增长16.2%，增幅居全省第一。目前，张家界96个重点项目已经开工62个，完成项目投资95.97亿元，同比增长16.6%。

如今的张家界，各级领导频频观察，大力扶植；革命先辈纷纷旧地重游，深情勉励。在各级领导和革命先辈的关怀下，张家界市人民发扬革命精神，奋发图强，为把张家界建设成国内外知名的旅游胜地而奋斗。

"雄关漫道真如铁，而今迈步从头越"。距离红军长征已过去了八十年，但这几天，我们跟着红军的脚步走过家乡大大小小的地方，每到一处都能感受到红军精神、长征精神、伟大的社会主义革命精神。与此同时，老红军的叮嘱也时时萦绕在我们的耳边。

我们领悟到，正因为有了这些革命先辈的付出，才换来了如今家乡的安定和蓬勃发展。我们作为大学生，应更注意传承红军精神，努力学习，以知识更好地建设家乡。

广西灌阳：祖孙三代接力守护红旗

蒋莉（武汉轻工大学制药工程生物制药 2014 级本科生）

调研时间：2016 年 7 月至 8 月

调研地点：广西壮族自治区桂林市灌阳县

灌阳县位于广西的东北部。灌阳境内 43 个单位被列为"湘江战役系列"国家重点文物保护单位，县内馆藏红军相关文物达 100 多件。发生在县境的湘江战役三大阻击战之一的新圩阻击战是最艰苦、最惨烈的一战。红三军团第五师以巨大的代价确保了军委纵队及后续部队的安全。为保证军委纵队和红军主力顺利渡过湘江，红三十四师作出了重大牺牲，完成了中革军委交给他们的后卫任务。

1934 年 10 月 10 日，由于王明"左"倾冒险主义的错误指挥，红军没能打破敌人的第五次"围剿"，被迫退出革命根据地进行长征。由于桂军在针对红军将进入广西的问题上，采取保存实力和侧击红军的对策，湘江防线一度空虚。

25 日，林彪、聂荣臻率领的红一军团主力攻占永安关，进入灌阳。中央红军从那日开始陆续进入灌阳，至 12 月 7 日，最后一支部队——红五军团第三十四师余部 200 多人——离开灌阳，在县历时 13 天。

红军过灌阳留下了许多可歌可泣的故事，特别红三十四师。这支队伍为新圩阻击战以及为保证军委纵队和红军主力顺利渡过湘江，作出了重大牺牲。中国工农红军第五军团第三十四师，是闽西红土地诞生的英雄师，成立于 1933 年春。因其屡立战功，被老百姓称为"常胜之师"。

1934 年 11 月 25 日，中革军委正式决定突破敌人的第四道封锁线，渡过湘江。11 月 26 日，一直担任殿后重任的三十四师接到上级作战任务：坚决阻止尾随之敌，掩护红八军团通过苏江、泡江，而后为全军后卫；万一被敌截断，返回湖南发展游击战争；但尽可能赶上主力。此时，全师指战员 4300 余人。

在形势万分紧迫的情况下，师长陈树湘召集师团干部紧急会议，作出了两个决定：第一，寻找敌人兵力薄弱的地方突围出去，到湘南发展游击战争；第二，万一突围不成，誓为苏维埃新中国流尽最后一滴血。

据原红三十四师一百团团长韩伟回忆：守卫在前沿阵地的我团，提出了"誓与阵地共存亡，坚决打退敌人进攻，保证主力部队抢渡湘江"的响亮口号，与敌人进行殊死搏斗。弹药打光了，红军指战员就用刺刀、枪托与冲上来的敌人拼杀，直杀得敌人尸横遍野。

近一周的激战后，全师伤亡已过半。12月11日，陈树湘率部遭保安团袭击，不幸中弹负伤，壮烈牺牲，年仅29岁。1935年冬，红三十四师余部大部壮烈牺牲。

在离灌阳县城十多分钟车程的地方有一个村庄，村庄里一户黄姓人家珍存着当年红军路过灌阳时留下的一面红旗。红旗至今依旧鲜艳完整，村庄故而更名为红旗村。为了进一步了解这一段传奇故事，我们找到了李清鸾，他的曾祖父黄和林就是当年接过红旗的人。

1934年，红军在附近山头上鏖战了三天三夜。一天夜里，红军大队伍退下去后，有一位腿受伤的红军战士来到家里。黄和林夫妇热情招待了他，特意为他煮了家中为数不多的鸡蛋，并且为他包扎伤口。几周后，红军战士的伤势好转，临别时，他交给黄和林一面红旗，说："你将这面红旗好好保存，我们是会胜利的，到时候我回来取。"

黄和林将这面红旗包了一层又一层，用个小木箱装好，藏在最秘密的地方。1941年，黄和林临终前，将这个木箱交给了儿子黄荣清和孙子黄光文，嘱咐他们好好保存，等着那位红军来取，等着胜利的那一天。

1944 年日本人入侵灌阳，黄荣清什么东西没带，只背着那个小木箱躲到山上去。解放后，他天天盼月月盼年年盼，盼望着那位红军战士早日来把红旗取走。直到 1979 年，他已 79 岁，重病在身，命儿子黄光文把红旗交到县武装部，由他们去寻那位红军。

祖孙三代守护的可不单单是一面红旗，守护的更是自己对于红军战士的承诺，也是一个普通百姓对于新中国的向往。

调研途中，我们看到一些革命标语，这是长征时期留下的。红军在途经灌阳不懈战斗的同时，仍坚持宣传革命思想，书写标语是其中一种重要形式。如今，在家乡清晰可见的革命标语仍有 9 条。红军过灌阳时，为宣传和唤起群众，在沿途的村庄墙壁上写下了上千条革命标语。1994 年调查时尚有 59 条清晰可见的标语。

当我们来到当年新圩阻击战红五师指挥所时，红军在这留下的印记尤为清晰。为弘扬红军长征精神，灌阳县委、县人民政府对指挥所旧址进行了修缮，还原当时面貌，以作纪念。这里成为向青少年宣传百折不挠、英勇顽强的红军精神的基地。

祖孙三代保红旗雕塑

蒋莉摄

当年红三军团军团长彭德怀坐镇指挥新圩阻击战，其指挥所便设在灌阳县滨家桥村的九如堂中。如今的九如堂，在 2006 年修缮后被作为湘江战役革命遗址系列被确定为国家级文物保护单位，现已成为爱国主义教育基地、革命传统教育基地，更成为灌阳县党员干部教育培训基地。

如今，灌阳正在开启新的"长征"。提到灌阳，百香果不得不提。这果子是灌阳人的重要经济来源。如果去新街镇龙炼村五公坝屯百香果种植基地，就能感受到果农们丰收的喜悦。据说，这里种植面积已经扩大到了 300 亩，是全县目前规模最大的种植基地。亩产量达 1500 斤，市场平均价格 5 元左右，年产每亩纯收入可达 4000 元，年收入 120 万元。灌阳百香果主要销往本县以及桂林市，供不应求。

经历了这次调研，我特意去看了斯诺的《西行漫记》一书。书中记录了连他自己都无法相信的数字：在中央红军历时 1 年的长征中，进行了 300 多次战斗，几乎每天 1 次遭遇战；平均每天行军 35 公里，翻越了 18 座山脉，渡过了 24 条河流；突破了 10 个地方军阀的封锁包围，击败了数倍于己的国民党中央军的围追堵截；征服了雪山、草地等极端恶劣的自然环境。

灌阳属少数民族地区，以瑶族人民为主。红军途经时，严格遵守党的民族政策和宗教政策，尊重少数民族的风俗习惯，与少数民族群众坦诚相见。当地流传一种说法，当年红军长征路过灌阳时，有瑶民来访，由此定出了党的民族政策。由于红军所到之处真心诚意为群众办好事，打土豪分田地，帮助穷苦人翻身解放，因而广大群众把红军视为自己的子弟兵。人民群众以各种方式支援红军，成为红军长征胜利的根本保障。这种军民鱼水之情，一直延续到今天。

站在当年新圩阻击战的战场旁，站在酒海井烈士纪念碑前，站在新圩阻击战陈列馆内，我深深感受到先辈们誓死守卫脚下这片土地的决心。他们中许许多多的人，年龄如我一般大，但是他们的志向和勇气，高过云天。作为一名新时代的大学生，我要始终保持一颗积极上进之心，竭尽所能让自己发光发热，在新时代体现自己真正的人生价值。

贵州黎平：98 岁老人的战场记忆

吴生松（中南民族大学公共管理 2015 级本科生）

调研时间：2016 年 7 月至 8 月

调研地点：黎平会议会址、红军广场、少寨红军桥

　　1934 年 12 月，中央红军长征由湖南通道进入贵州，15 日攻占黎平县城，18 日，召开红军长征途中第一次中央政治局会议，史称"黎平会议"。

　　黎平会议是党和"左"倾错误作斗争的重大胜利，从思想路线上为遵义会议的召开做了重要的准备。黎平会议开创了中国共产党独立自主解决自己重大问题的先例，是中国革命伟大转折的起点，在党和军队的历史上写下了光辉的一页。

　　1934 年，中国工农红军第五次反"围剿"失败后被迫突围，实行战略大转移。1934 年年底，中央红军由湖南通道进入贵州，占领黎平后，总司令部就设在黎平翘街胡荣顺店铺。12 月 18 日，中共中央政

黎平会议会址　　吴生松摄

治局在此召开黎平会议。

　　7月27日早晨，我只身抵达黎平翘街。高大的牌坊矗立在街口，走进去，映入眼帘的全是清一色的清朝古建筑。翘翘飞檐，古老的瓦片，映射出青岩古道沉寂凝重的氛围。街道两旁商品琳琅满目的商店，陈列着红色记忆纪念品和苗侗服饰等各类商品。老街全线不长，因为中段下沉、两端微翘的形状特征而得到"翘街"的名称。

　　黎平会议会址原为城东翘街胡荣顺店铺。会址包括会议室，毛泽东、周恩来、朱德等中央领导人的住处，物件保存完好。会议室内布置简单，一张老式四角桌和几把椅子，桌椅上布满灰尘，展现出当年红军长征之路的艰难与沧桑之旧景；会议室内的墙面上悬挂着毛泽东、周恩来、朱德、博古等人的相片。此情此景，对当年先辈在面对中国命运的生死抉择中展现出来的伟大气魄的敬仰之情油然而生。

老红军何长工回忆：黎平会议是政治局会议，决定了行动方向，四渡赤水说明了毛泽东同志的英明。黎平会议有着重要的历史意义，不要小看它。没有黎平会议就没有遵义会议，就没有长征和革命的胜利。

在翘街采访了92岁的王光文老人，他给我们讲述了当年接红军入城的故事。"当时，城里的地主、土豪们在得知红军到来之前就已经逃离，剩下的都是穷苦的老百姓。由于此前听说，红军会打人，会骂人，甚至会杀人，当时我都不敢和红军说话。我和小伙伴安静地坐在广场的石阶上，看到他们衣服都五花八门，有人骑马，大多数人穿草鞋，不少人打着光脚，衣服也有些破破烂烂。不知道这支队伍来自哪里，将去何方。"

让王光文较为放心的是，这些红军对人很客气，比以前见过的国民党军队要客气很多。突然，一名红军走到了王光文面前，给他塞了块红糖说："小鬼！西门怎么走？"王光文就跳下石阶带着红军走出西门。

红军进入黎平后，就到地主家开仓放粮。"当时杀了地主家的肥猪，

少寨红军桥　　吴生松摄

然后把猪肉分给老百姓，一块一块地把肉砍下来，分给大家。地主家的衣服、被子等生活用品，红军也分给大家。当时我父亲说没有被窝，红军就给了被窝，母亲说没有衣服，红军就给了一件女式棉衣。我去摸红军手里的一个铜水壶，红军问：'小鬼，是不是想要这个水壶？'我点了点头，红军就把水壶送给了我。"王光文回忆。

王光文家一直用这把铜壶烧水，直到铝水壶、电水壶、电磁炉等生活用具进入王光文的生活，他才将红军送给他的铜水壶收藏起来。"希望将它作为纪念，并用来教育子孙。"王光文说。

为了不忘这段红色记忆，让后人牢记历史，2013年，老人把家里珍藏的马灯和菜碟无偿捐给了县文物局。

28日下午，我从县城乘车到高屯镇红军桥，一路跋涉终于抵达目的地。

第一眼看到红军桥时有些失望。它并不是什么神秘的桥，而是很普通的木桥，大概有3米高、1米宽，下面是八舟河，河面很宽。那天正好是艳阳高照，有很多人在河里游泳，小孩在嬉水。据吴才军老爷爷介绍，当年红军某部在此驻扎时，发现过八舟河上的简易木桥已非常破旧，难以通行，遂马上进行整修。当地村民与红军战士合作，该地杉树资源丰富，村民们便到自己上山砍杉树，然后红军负责搭建。几天后，高3米、宽1.3米的木桥修建完成，解决了附近上百个村寨村民的出门难题。为纪念红军的义举，村民们把这座木桥命名为"红军桥"。

我进村探访村长，他说道："几十年来，红军桥依然是上少寨全部村民进出村寨的唯一通道。红军桥桥面很窄，两旁也没有护栏，走在上面晃悠悠的。八舟河几乎年年要涨大水，而木桥也几乎年年要被大水冲走。现在的木桥是 2012 年 6 月原桥被大水冲走后重修的。"尽管如此，当地村民依然将该桥视为红军精神的所在。群众每年自发修建该桥，欲将"军民鱼水情"传承至世世代代，把红军的义举遗留给子孙，让他们时刻谨记着红军的优良传统，将红军精神发扬光大。

陈永祥，黎平县红军老兵。29 日上午，我来到陈老爷爷的家，老爷爷听闻是大学生来此采访，站起来要迎接我。今年 98 岁的陈爷爷，耳背了，眼也花了。跟他交谈时，他用颤抖的声音对我说："我现在每天都会看新闻，尤其是军事频道的讲解，我很怀念当时一起并肩作战的战友。"

老爷爷和我讲起当年战火硝烟里的故事："1934 年那时候，我还是一个年轻的小伙儿，红军进入黎平时，我便报名加入了由朱德总司令带领的红军队伍。那时候，我跟着军队的领导，打劣绅，平分给当地老百姓，帮助老百姓干农活，那段时光很快乐。在长征过程中，参加了高洋打民团等战斗，当我亲眼目睹在身边的战友死死伤伤时，我才明白战争的残酷，这些使我很心痛。我最大的遗憾就是没有好好地照顾家人，但我明白，有国才有家，国是千万家的道理。我也相信他们能理解。"

军人的贡献他没有多提及，但我却明白，千千万万在长征途中浴血奋战的红军将士们都应该被历史记住，被我们这些90后、00后还有世世代代的中华儿女们想起。他们是最值得尊敬的人。

参加这次社会实践活动，一来是为了感受当年红军长征的精神，二来是将黎平这座城市的红色革命印记展现给大家。说起红军长征在贵州这个话题，一般人可能只会想到遵义这个被历史染红了的城市。可还有一座小城，古朴却真实，寂静而不落繁华，就像镇远和大理、丽江一样，同为古镇风光，这就是"曙光之城"——黎平。

黎平是一座集历史文化、民族文化、红色文化于一身的城市，物换星移、沧桑巨变，这座古老的小城正散发着独特的魅力，吸引着越来越多人的目光。在文化引领、开放带动、城乡统筹三大战略的指引下，黎平的城市建设在抢占侗文化制高点的同时，正朝着建设成为国际旅游目的地、侗文化之都的方向不断努力。

在翘街附近的红军广场，我采访本地人杨光年，问他黎平最大的变化是什么？他说道："县城变大了、变美了，设施更健全，功能更完善，这是我对黎平这些年变化最直观的感受。"近几年来，黎平进入了高速发展期，县城规模在不断扩大，城内满是车水马龙的街道、拔地而起的高楼。他说："以前我们抽一根香烟都可以绕城一圈，如今抽光一包烟恐怕都转不完。"

陕西商洛："红军干妈"美名扬

李苏芳（西北大学新闻与传播 2015 级硕士生）

马原欣（西北大学新闻与传播 2015 级硕士生）

调研时间：2016 年 7 月至 8 月

调研地点：商洛市丹凤县、丹凤县老街道、丹凤县博物馆、丹凤县烈士陵园、丹凤县县委史志办

商洛市地处陕西省东南部，与河南、湖北两省接壤。长征期间，红二十五军建立了以商洛市丹凤县为重要组成部分的鄂豫陕革命根据地，在丹凤县展开了著名的庚家河战斗。

当时的商洛群众全力支持红二十五军。红二十五军创造了长征史上的数个第一，尤其是甘当红军后方"护理员"的商洛大妈，曾被亲切地称为"红军干妈"。

如今的商洛，一幅描绘"美丽乡村推动旅游转型升级、提升群众幸福指数"的壮丽画卷正在徐徐展开。

2016 年"八一"建军节，我们调研小组顺着青砖铺设的丹凤县老街道往深处走，旁边一排低矮、破

丹凤县烈士陵园内"庚家河战斗战前指挥现场"石雕　　李苏芳摄

旧的老房子映入眼帘。

　　当地人如数家珍，一边指着这些房子，一边告诉我们，这里是庚家河战斗时红二十五军住过的地方。右边第三间余光华理发店是当年红二十五军政治部驻地；西关仓库为当年红二十五军开仓放粮的仓库之一；老街的尽头是丹凤县博物馆，曾是红二十五军练兵的地方。为了纪念红军艰苦奋战、创造新生活而遗留下来的珍贵足迹，这些老房子经过不断修葺，保存至今。

　　在丹凤县烈士陵园，我们看到院子中间矗立着一座高高的纪念碑，纪念碑前方是"庚家河战斗战前指挥现场"石雕，5位指挥员神情严肃而认真。

　　烈士陵园工作人员介绍说，1934年12月9日，红二十五军长征进入丹凤县庾家河。第二天，中共鄂豫皖省委在"春永茂"中药铺召开了第十八次常委会议，决定改中共鄂豫皖省委为鄂豫陕省委（苏区），建立鄂豫陕革命根据地。会议正在进行时，国民党军第六十师尾随而至。会议被迫立即终止，红军与敌人开展了激烈的庾家河战斗。

丹凤县委史志办向我们提供了一本《中共丹凤历史》。这本书中介绍，庾家河战斗是红二十五军长征途中最险恶的战斗之一，也是最残酷的一次。此战，红二十五军伤亡百余人，毙伤敌人三百余人，军长、副军长和多名团营级干部身负重伤。红二十五军将士打退了敌人，胜利地完成了第一次战略转移，不仅保存了有生力量，而且锻炼和提高了战斗力。

该书评价道，此次长征入陕的胜利，为鄂豫皖革命根据地继续坚持斗争创造了条件，为开辟鄂豫陕革命根据地奠定了坚实的基础。

对于长征的红二十五军来说，商洛不仅是一块惨胜之地，更是将士们与商洛人民共同的福地。我们翻阅红二十五军长征史料发现，1934 年 11 月 16 日，红二十五军从河南省罗山县何家冲出发开始长征。他们长征总共历时 10 个月，其中有 7 个多月转战于商洛的青山绿水之间。

商洛市委党史研究室提供的资料显示，红二十五军长征进入商洛后，发布告，写标语，召开群众大会，走村入户宣传党的纲领、工商业政策、民族政策、耕者有其田政策，印发《什么是红军》等宣传单，使广大群众对共产党和红军有了初步的认识。

在实际斗争中，红军打土豪、分田地、分粮食、分财物给农民。同时，免去一切苛捐杂税，帮助穷苦农民建立各级苏维埃政权组织，使贫苦农民有了粮食渡过饥荒，使衣不蔽体的人有了衣服遮羞御寒。

商洛也为红二十五军长征的胜利作出了贡献。红二十五军在商洛的 7 个多月时间里，各级苏维埃政府和各群众团体组织群众积极承担起了部队的各项勤务工作。当时，敌人前堵后追，战斗频繁，红军伤病员比较多。这些伤病员均分散在当地群众家中养伤。为使伤病员早日痊愈，多数人家都把家里仅有的一点粮食留给伤病员，自己则挖野菜充饥。有的群众为保证安全，背着伤病员，一天转移一个隐藏的地方。

在商洛市山阳县袁家沟口，许多群众家成了红二十五军后方医院的"病房"，许多大妈、大嫂成了"护理员"。被红军战士亲切地称为"红军干妈"的从大妈，一人就护理了 4 名伤员。

经过几天的调研，当我们准备离开这里的时候，已是傍晚，西边绚丽的晚霞染红了天边，丹江循着自己的轨迹不断向前奔流。晚饭后的人们，三五成群地往丹江边的广场走去，或悠闲散步，或跳广场舞，小孩子们嬉戏玩闹。人景合一，宛如一幅画，和谐而美丽。

如今，商洛市作为红军长征途中创建的根据地，成为秦岭地区重要的乡村旅游地。

商洛人民正在把红军长征精神化作实际行动。近年来，商洛市把旅游业作为支柱产业来发展，"秦岭最美是商洛"的城市品牌影响力不断提升。党的十八大以来，商洛市将乡村作为旅游发展的突破口，坚持把"美丽乡村建设"作为引领农村巨变、推进脱贫攻坚、发展全域旅游的一场革命，坚持高点规划、典型示范、梯次推进，为"秦岭最美是商洛"注入了新的活力和丰富的内涵，创造了美丽乡村建设和乡村旅游发展的"商洛模式"。

行走在商洛市丹凤县城，星星点点的历史遗址，一砖一瓦都是当年红军艰苦卓绝战斗的见证，一草一木都是坚忍不拔的长征精神的传承。这些都是商洛人民巨大的精神财富。

重温红军长征那段岁月，我们深深地体会到：实现中华民族伟大复兴的中国梦，物质财富要极大丰富，精神财富也要极大丰富。而中华民族的一个宝贵的精神财富就是乐于吃苦、百折不挠、自强不息的长征精神，是无数老一辈无产阶级革命家为了革命胜利鞠躬尽瘁的奉献精神，也是广大军人在革命道路上团结一致向前冲的大无畏精神。

当代大学生作为最有活力的青年群体，必须继承长征精神，继承老一辈无产阶级革命者留给我们的宝贵精神财富。这种财富，将鞭策我们在如今的学业上

不断探索，在未来的工作中不断创新，把自己打造成
一个国家、民族需要的人，真正能够为祖国作出贡献
的人。

甘肃宕昌：一张报纸定去向

赵艳芳（武汉大学广告学 2015 级本科生）

调研时间：2016 年 7 月至 8 月
调研地点：甘肃省陇南市宕昌县哈达铺镇

宕昌县隶属于甘肃省陇南市，境内有中国工农红军长征的红色圣地哈达铺。

哈达铺改编，使得长征途中翻雪山、过草地，身体困乏的红军在精神上、物质上和部队编制上得到了全方位的"加油"。这是一片神奇的热土，因为一张报纸的缘故，长征中的党中央为红军与中国革命找到了去向与出路，明确提出了到陕北去的战略决策。

如今，哈达铺早已名扬天下。八十多年过去，红军精神依旧传扬在这座小镇中，成为每个宕昌人民心中的宝贵精神财富。

宕昌，在南北朝时期，当地羌人曾建立"宕昌国"。宕昌为羌族部落首领之名，由此得县名。境内有中国工农红军长征的红色圣地哈达铺。

哈达铺镇在红军长征时属岷县，现在属于宕昌县，南距宕昌县城 35 公里，北距岷县县城 35 公里，西距迭部县腊子口战役遗址 70 公里，国道 212 线穿境而过。

2016 年 8 月 5 日，我和同伴走访了哈达铺镇。哈达铺镇有一条长 1200 多米、由 380 多家店铺组成的街道。这是红军长征途中走过最长、保留原貌最完整的一条街，当地人称之为"中国工农红军长征第一街"。

在这里，红军街、红色鞋、红色凉粉等红色记忆随处可见。

红军长征哈达铺红二方面军总指挥部旧址

赵艳芳摄

据《解放军报》报道，在二万五千里长征中，红军一、二、四3个方面军先后于1935年9月和1936年9月两次到达哈达铺。1935年9月20日，毛泽东率领的红一方面军主力在攻克天险腊子口，打开北上通道到达哈达铺时，由于雪山草地的艰难行军和连续不断的战斗，广大指战员的身体已极度虚弱。鉴于哈达铺民风淳朴、物资较丰，党中央决定在这里进行短暂休整。

红军总部提出了"要吃得好"的口号，并给每人发大洋1块用于改善伙食。据杨成武将军回忆，当时哈达铺物价较低，5块大洋能买到一头百十斤重的肥猪，1只肥羊只值2块大洋，1块大洋能买5只鸡，1毛钱能买到10个鸡蛋。

在哈达铺，红军一边补充物资给养，一边整顿思想作风，此即"哈达铺改编"。红军由此在精神上、物质上和部队编制上得到了全方位的"加油"，因此哈达铺也被称为红军长征途中的"加油站"。

哈达铺也是中国工农红军落脚陕北的重要决策地，"一张报纸改变红军命运"的传奇故事就发生在这里。

据《陇南文史》介绍，红军到达哈达铺后不知道该去往何处，就在这前途渺茫之际，毛泽东从缴获的物品中发现了一份国民党的官方报纸。报纸中写道"陕北共匪甚为猖獗，全陕北23县几无几县不赤化"，"盘踞陕北者为红军二十六师"，"全陕北赤化人民70

余万，编为赤卫队者 20 余万，赤军者 2 万"。这些消息让党的领导人甚为振奋。

1935 年 9 月 22 日上午，在"义和昌"药铺后院的一间平房里，毛泽东召开中央领导人会议。分析形势后，决定前往陕北与陕北红军会合。当天下午，毛泽东在哈达铺关帝庙召开团以上干部会议，明确提出了"到陕北去"的战略决策，同时，会议正式宣布中国工农红军改编为中国工农红军北上抗日支队，实现了根据地与部队名称的统一。

除了作出"到陕北去"的战略决策，红军制定佯攻天水市的战略方针，声东击西，大部队以迅雷不及掩耳之势于 9 月 26 日胜利突破渭河封锁线，到达通渭县榜罗镇，为"到陕北去"奠定了基础。

《陇南文史》说道，"长征"一词也首次在这里提出，"战略大转移"称呼宣告结束。在哈达铺，解决了一年以来红军长征中只有北上大方向而没有明确具体目的地的根本问题。这是历史性的转折，决定了中国革命的命运。

红军在哈达铺播下了革命的火种。直到现在，红军精神依旧存在于这座小镇中，这片红色记忆永远在每个哈达铺人民的心中。

我们在走访中得知，哈达铺有一种"红军鞋"卖得特别火。据媒体报道，这些"红军鞋"都是由一名叫高月菊的妇女创办的哈达铺拥军鞋业有限公司生产的。

　　高月菊在接受采访时说，她从小听着红军的故事长大，自己的母亲和当时哈达铺的众多百姓一样，也给红军送了自己做的千层底布鞋，支援红军长征。1998 年，高月菊和她的丈夫从小作坊做起，尝试着做鞋的营生，并给出售的新鞋起了"红军鞋"的名字。人们对红军鞋的喜爱让她始料不及，她制作的红军鞋，一时供不应求。

　　发展到今天，红军鞋厂已经由当初的小作坊，变成了占地面积约 1500 平方米的现代化工厂，有 30 多名员工。附近的乡亲们，农忙时在家纳鞋底，到厂里拿计件工资，家远一点的把活带回家去做；农闲时都到鞋厂来工作，成了"不坐班"的上班族。鞋厂带动了贫困妇女和残疾人实现居家灵活就业，2015 年 8 月，成功创建为"陇原巧手"省级示范基地。当年，鞋厂的生产规模达到 2 万双，利润 70 多万元。"红军鞋"的销路已走出甘肃，进入上海、北京、西安等地。

　　调研完毕之后，站在哈达铺长征纪念馆门口，处在战争岁月里留下红色记忆的热土，仰望着革命先辈的塑像，我感慨万千。

　　当年红军战士走过的街道，两侧的土路、土房子早已不见了踪影，映入眼帘的是一排排建造精美的高楼，当年的荒野已成为商业区，"日出而作，日落而息"的时代已经结束。夜晚绚丽的灯光、繁荣的夜市以及广场上大妈的舞姿为这座小镇带来了新的气息；铁路、高速公路穿越而过，使这座寂静的小镇变得繁华热闹，使发生在这里的长征故事传遍大江南北。

小镇的巨大变化离不开长征，这里的灿烂辉煌与革命先烈曾经的流血牺牲分不开。没有他们的付出就没有新中国绽放的今天，没有他们的奉献就没有如今的绚丽多彩。可以说，当代中国的发展离不开长征精神的支撑。

"青年强则国强，青年进步则国进步"。作为新一代的中国青年，要了解中华民族奋斗的光荣历史和伟大历程，将伟大的长征精神化作前进的动力，升起梦想的风帆，乘风破浪，用我们每一个人的梦想托起伟大的中国梦。

家乡巨变是本生动的红色教科书

云南寻甸：尊重民族习俗深化军民情

王丽维（武汉大学考古学 2015 级本科生）

李晨希（武汉大学中国史 2015 级本科生段嘉欣）

孙晨曦（武汉大学中国史 2014 级本科生）

调研时间：2016 年 7 月至 8 月

调研地点：云南省昆明市寻甸县柯渡镇丹桂村红军长征纪念馆

寻甸，云南东北部的一个小县城，并不闻名遐迩，却有着厚重的革命历史。这是一片光荣的土地，红军长征曾于 1935 年 4 月、1936 年 4 月两次经过这里。

1935 年 4 月 29 日，中央红军长征途中进入昆明寻甸县鲁口哨村，中革军委在这里发布速渡金沙江的指示。4 月 30 日，军委纵队在刘伯承、叶剑英的率领下，从姚家村经可郎村进驻柯渡。当日晚，毛泽东、周恩来、朱德等均在柯渡丹桂住宿，并对强渡金沙江作出具体部署：一军团抢龙街渡，三军团抢红门渡，军委干部团抢皎平渡口。之后，军委纵队和一、

三、五军团靠着七只小船，经九天九夜，全部渡过金沙江。

1936 年 4 月 4 日，贺龙、任弼时、关向应、萧克等率领红二、六军团进入寻甸县，并于 4 月 9 日进行了著名的"六甲之战"，打退了敌人的追击，连克寻甸等 10 座县城，从丽江的石鼓渡口渡过金沙江。

1935 年和 1936 年，红军以血肉之躯，在寻甸谱写了人类历史上无与伦比的英雄史诗。为进一步了解红军在寻甸的英雄壮举，感悟长征精神，我们来到云南省寻甸县，开启红色寻访之旅。

柯渡红军长征纪念馆位于柯渡镇丹桂村，是我们此次调研的主要目的地。眼前的柯渡红军长征纪念馆是一座美丽的建筑，有着古朴的色彩，黄瓦顶端，红星和旗帜在阳光下鲜艳夺目。该纪念馆馆藏包括：中央红军总部长征驻地旧址，总参谋部作战室，毛泽东、周恩来、朱德、刘伯承等同志长征时居住丹桂村的休息室及遗物。

在讲解员的指引下，我们参观了红军当时的总指挥部——丹桂村何家大院。周恩来、朱德、刘伯承都曾在这里住宿办公，毛泽东及其他中央领导则住在相邻的广式楼和杨家宅院。中央领导的休息室内部陈设简单朴素，只有简单的桌椅、灯具以及薄薄的被单，与其他红军指战员、普通战士的寝室并无区别。在柯渡，红军紧密团结当地群众，物资虽然缺乏，但坚决不拿群众一针一线，不搞特殊化。眼前所见，令我们对红军由衷产生敬意：他们是人民的军队，全心全意为人民服务的军队，是一支能带领广大劳苦大众走向解放的军队。

西南地区至今仍流传着一句民谣——"红军到，干人笑，绅粮叫"，这句歌谣广为人知，向我们展示着军民团结一家亲的局面。在纪念馆探访中，我们一直体会着红军一心为民、甘于奉献的精神。

馆中一组连环画讲述了一个动人故事：中央红军军委纵队进驻寻甸回族聚居的柯渡坝后，炊事员在不知情的情况下，将途中打土豪得来的火腿拿到这里的一座清真寺边，准备搭锅做饭，引起当地回民群众的不满。事情很快传到红军总部，引起了党和红军领导人的高度重视。总部派代表火速赶到回辉村清真寺，向回民首领表示歉意，并根据首长的指示，立即在清真寺上写下了"红军绝对保护回家工农群众利益"的标语，得到了回民群众的理解和支持。此标语作为历史的见证，被当地群众妥善保护，至今仍保存完好。

红军当时的总指挥部——丹桂村何家大院，周恩来住室　　王丽维摄

纪念馆中有一把红军赠与老乡的军刀，也有来历：红军过寻甸柯渡甸尾时，有位战士在吕兴富家养伤，走时

红军从我家乡走过
——百名大学生眼里的长征

红军过寻甸柯渡甸尾时，有位战士在吕兴富家养伤，他们走时送给吕家这把刺刀，并说："留给你守庄稼用。"

红军赠与老乡的刀

王丽维摄

送给吕家一把刺刀，说："留给你守庄稼用。"这一句话，饱含了军民之间的深情！

柯渡镇是我的家乡，在我儿时记忆中，家乡几乎家家户户全住土坯房，甚至危房，一大家子人挤在透风漏雨的狭促空间，难言舒适。那时村里人基本以务农为生，勉强温饱，生活单调、乏味。

虽然后来我随父母去了城市，但几乎每年都会回老家看看。近年来，老家的变化可谓日新月异。村里的破旧老房越来越少，一幢幢漂亮的小洋房拔地而起。尤其是丹桂村，那些披着黄色外墙的新房子统一、有序，整齐地坐落在向阳的山坡上，沐浴着每天的灿烂阳光。

村子里还建起了健身器材区、银行网点等便民服务设施，人们体会着日益现代化的便捷生活。很多村民在村委会规划、引导下，在新开辟的区域建新房，政府还给经济困难的家庭提供危房改造补贴，在物质上鼓励村民建起属于自己的"农村别墅"。穿梭于丹桂村的新老村落之间，如同时空穿越。

在柯渡镇乡政府，当地文化部门工作人员向我们介绍了柯渡镇的现状，家乡发展形势令我们欣慰。

柯渡镇乡民的收入来源，从过去的单一务农，变得多样化。不少村民的土地租赁给专业企业种植公司生产有机蔬菜和花卉，村民们自由外出打工的同时，还能享受自家田地每年的分红，加上各种补贴，收入远高于过去种田卖粮。还有村民做起生意，开餐馆或旅馆的越来越多，收入可观。

依靠红色资源，柯渡镇近年启动红色旅游开发地和市级美丽乡村的建设，近年来，红军长征纪念馆年均接待观众 10 万余人。以纪念馆为依托，丹桂村大力发展红色旅游，带动了全村农户增收致富。

村民杨廷发告诉我们，自 2005 年开始，随着爱国主义教育深入，柯渡长征纪念馆的游客剧增。他自家开的丹桂农家乐 2006 年开业以来，接待全国各地的游客，生意红火。"现在我们家一年的纯收入比起 10 年前翻了好几番，日子一天比一天好。"

因红色旅游而创业致富的人，在丹桂村里随处可见。这些都得益于寻甸县政府于 2008 年投资 1 亿元，依托红军纪念馆打造红军村的扶贫项目，项目加强了丹桂村的基础设施建设，为红色旅游发展铺平了道路。过去贫穷的小山村驶入发展的快车道，人们在红色传统、长征精神的鼓舞下，告别贫穷落后，迈向新的生活。

上小学时，语文课本上有一首毛泽东的《七律·长征》，"金沙水拍云崖暖，大渡桥横铁索寒"令人难忘，让我们对红军战士无比钦佩。这次寻甸探访，通过实地考察、调研，我们对红军当年长征的史实有了全面了解，对长征路上的艰难险阻有了直观感受，心中由衷感叹：今天的和平、幸福生活真是来之不易。

纵观人类历史，没有一支军队曾走过长征这样艰辛的道路。跨越十几个省份，无数山脉河流，面临数十倍于自己的强大敌人，红军在长征中面对的艰难难以想象，可谓绝境连连、危机不断。在这种情况下，红军战士勇往直前，而且能严守纪律，坚决保护群众的利益，这是如何做到的？显然，在红军的身体里，有股意志的火焰熊熊燃烧着，支撑着他们向前，永不退缩。我想，这便是长征精神的核心：不惧艰难的革命乐观主义。长征给当今的我们深刻启示：一个民族，一个国家，需要有这种宝贵的精神和正确的理论指导，才能够成就事业，创造辉煌。

离开柯渡长征纪念馆，那简陋的木床、条桌、木椅、草鞋……仍在我们脑海中挥之不去，在提醒着我们，这是一支伟大的队伍。当年红军虽处那样艰苦的环境，他们依然为劳苦大众能过上富足幸福的生活而斗争。

作为当代大学生，今天我们能做到的，是刻苦学习，钻研学业，提升自身素质，成为全面发展的、能适应社会需求的新时代建设者；将长征中的乐观主义精神、艰苦朴素的作风在今天践行，为实现中华民族的伟大复兴而奋斗。

福建长汀：第一声号角在这里吹响

施红红（华中科技大学新闻学 2014 级本科生）

调研时间：2016 年 7 月至 8 月
调研地点：福建省长汀县南山镇钟屋村

　　红四军入闽第一枪从这里打响，第一家红色医院在这里创建，中央苏区第一个县级红色政权在这里诞生。这里是中国革命的摇篮之一，是长征出发地之一——福建省龙岩市长汀县。在长汀县南山镇钟屋村观寿公祠前，英勇的铁军红九军团吹响了长征第一声号角，举行誓师大会，告别父老乡亲，率先实施战略大转移，迈出了二万五千里长征的第一步，闯出了中国革命的新局面。这个暑假回到家乡，我从长征零公里起点处开始，循着先烈们走过的足迹，回顾那段峥嵘坎坷的长征岁月，重温党的信仰。

　　在《西行漫记》一书中，有这样一句关于长征的话："从福建的最远的地方开始，一直到遥远的陕西西北部道路的尽头为止。"其中"福建的最远的地方"

指的就是长汀县钟屋村。长汀是红军二万五千里长征的起点之一，而长汀境内的钟屋村更是长征的零公里起点，被称作"红军长征第一村"。

那天，我早早地起了床，踏上了前往钟屋村的路。经过一个小时颠簸，终于到达目的地。在朋友带领下，我来到了长征零公里起点的纪念碑处。站在那里，想象着当年红军指战员在此召开誓师大会的场景，我真真切切地感受到了一股神圣的革命的力量。

1934年9月底，第五次反"围剿"进入最艰难阶段，松毛岭成为中央苏区东大门的最后屏障。在这里，红一军团、红九军团（隶属后来的红一方面军）以及苏区地方武装，取得了中央苏区最后一次胜仗——温坊大捷。之后，红九军团、红二十四师以及苏区地方武装又在巍巍松毛岭上，与数倍于我军的国民党军队血战七天七夜，以伤亡近万人的代价，为红军长征赢得了宝贵的集结和转移时间。

当时，国民党军队配备飞机、大炮向松毛岭轮番轰击，数小时内将几千枚炸弹、炮弹倾泻到红军阵地上。红九军团、红二十四师和数以万计的长汀地方武装共3万多人，在朱德总司令指挥下，与国民党军队浴血奋战。

这就是红军长征前夕的最后一战——长汀松毛岭战役。1934年9月30日，刚走下火线的红九军团吹响了长征的号角，从松毛岭下的钟屋村出发，向西疾行，踏上漫漫长征之路。

　　杨成武是革命军队中的一员虎将，身经百战，建功无数。他出生于长汀县宣成乡一个贫苦农民家庭，1930 年加入中国共产党，17 岁便担任团政委，在中央苏区第一次至第五次反"围剿"中屡建奇功。他所在的红四团被称作"开路先锋"。二万五千里长征途中，他率领红四团突破乌江天险，抢渡金沙江，飞夺泸定桥，开辟爬雪山过草地通道，攻破天险腊子口……每一个关键时刻，红四团都有神奇般的力量化险为夷，立下了卓著功勋。

　　1935 年 5 月，中央红军强渡大渡河成功。但对岸川军先期已摧毁绝大多数船只，仅剩下一艘船，危机并未解除。中革军委遂派出有力部队占领泸定桥，掩护全军过河，红四团临危受命。

　　红四团政委杨成武率部冒着大雨，29 小时急行军来到泸定桥边。当时，桥东岸泸定城守敌两个团，在红军到达前一天已将桥上的木板拆除，桥上只剩下 13 根铁索。

　　杨成武组织全团火力掩护，指挥 22 名突击队员，冒着敌人的枪林弹雨，攀着铁索，爬向对岸，多次击溃敌军警戒部队拦截。敌人慑于红军的英雄气概，阵脚大乱。丧心病狂的敌人在桥头燃起大火，妄图用火海阻住红军。在火力封锁下，不时有人中弹落水。

　　杨成武喊道："不要怕火，冲过去！"

　　他带领部队顽强地一步步接近河对岸，后续部队则一边铺木板一边跟进，打了整整两小时，终于歼敌大半，夺下泸定桥，占领泸定城。突击队22名勇士仅伤亡3人，红四团又一次创造了世界军事奇迹。中央红军主力随后从泸定桥上越过天险，粉碎了蒋介石歼灭红军于大渡河以南的企图。

后来，刘伯承过桥时，曾重重地在桥板上连跺三脚，感慨道："应该在这里竖一块碑，记下我们战士的不朽功勋！"有人曾称赞杨成武："万里长征，开路搭桥，讨北伐南成大武。"杨成武创造的经典战例数不胜数，飞夺泸定桥只是其中一例。

2005年，杨成武将军广场落成于长汀县西门罗汉岭下。从此，罗汉岭下多了一道亮丽的风景线。一尊巨大的杨成武将军塑像，神采奕奕地向远方眺望，仿佛在展望新世纪的征途。塑像下方有中央军委原副主席刘华清书写的"杨成武将军"五个镏金大字。

钟屋村是闻名的"红军之乡"。我来到了"红二代"钟宜龙爷爷家里。他的家就像是一座展览馆。大门上挂着"红色家庭展"的牌子，两边的字十分醒目："若要红旗飘万代，重在教育下一代。"

钟宜龙家客厅里满满的都是革命烈士的照片、《共产党宣言》、长征史、红色家庭史等资料。进门左边墙上贴满了钟宜龙的红色家庭史，包括一家人参军的历史、事迹等。一直往里走，正中间是关于村历

钟屋是长征的零公里起点

施红红摄

史和长汀长征史的介绍。让我
印象最深刻的是"青少年读物
专栏"，有中国历代领导人的励
志语录，还有钟宜龙给青少年
推荐的读物。我心头一颤，深
深地被这位老人的用心所感动。

钟宜龙老人　　施红红摄

钟宜龙今年 88 岁，父母以
及外婆、外公都是老红军。他
的父亲钟大廷是红九军团一营
二连战士，母亲徐从孜曾是红屋
区妇女游击队队长。

钟宜龙说，父亲钟大廷出生于 1905 年，1934 年
9 月 30 日参加革命。那时，钟宜龙年仅 6 岁。1934
年 11 月 1 日，钟大廷壮烈牺牲，留下了唯一的儿子
钟宜龙。钟宜龙说："由于当时年幼，我对父亲没有
深刻的印象。很多关于父亲的事迹，我只能从旁人口
中得知一二。家里更没留下父亲的照片，只有那张请
村里老人按照对父亲的印象描绘的画像。"

钟宜龙早年是村支部书记。他介绍说："我在家
开办'红色家庭展'，是想教育后代珍惜革命先烈用
鲜血换来的好生活，坚定不移地跟着共产党走。我很
骄傲我的父亲和这么多家人是红军，因为他们做的一
切都是为了人民得解放。"

如今，村里发生了巨大的变化，发展之迅速是钟
宜龙以前未曾想到过的。远处那横亘着的莽莽苍苍的

松毛岭，已经开通了 1000 多米长的松毛岭隧道，通往县城的路四通八达。村子沿 319 国道而建，而今 319 国道在不断拓宽。

历史上，依山傍水的长汀被称作"红色小上海"。流淌不息的汀江有每日往来船只"上三千、下八百"之说，成就了长汀曾经的繁荣。随着时代变迁，红色革命和长征精神成就了长汀如今的繁荣。

这片红色土地还有瞿秋白烈士纪念馆、杨成武将军事迹陈列馆等，保存着完整的史料和革命旧址群，承载着特殊的革命历程和中国共产党的奋斗史。

长征的第一声号角在这里吹响。而今，新时期发展的号角在这里再次响起。

80 年弹指一挥间，如今家乡大力发展红色旅游，投入大量资金加快基础设施配套建设，启动"一村一园六址"工程，将"红军长征第一村"钟屋村等也纳入重点项目。红军桥、红军街、松毛岭成为钟屋村的重要标志。其中，红军街已成为一条"淘宝"街，游客可以在这里购买到与长征有关的饰品、书籍等。

这里已经不仅仅是红色旅游区，更成为长征精神的传承地，更多的人涌向这个被称为"红军的故乡""红色的土地""红旗不倒"的"三红"土地，不断有旅游大巴驶进这座小城。

我在外求学，已离家 5 年。每次回去，都能欣喜地看到家乡的点滴变化。尽管不断有高楼拔地而起，现代化气息扑面而来，但街头巷尾的红军长征遗址始终完好地保存着，成为这座小城的一抹底色，成为人们幸福生活的源泉。

二万五千里长征是中国共产党人战胜困难、取得胜利的杰作，令世界震惊。此次重走长征路，在数天之内探访了家乡几乎所有与长征有关的地方，重温那段峥嵘坎坷的岁月，心中又重燃起红色的火焰。一路采访，一路感受，我不仅被家乡子弟积极投身军旅的事迹感动，也为家乡弘扬红色文化、发展红色旅游的做法点赞。

"雄关漫道真如铁，而今迈步从头越"。当下，这片红色土地上的人们又开始了全面建成小康社会的新长征。腾飞经济开发区就是长汀人民在党的带领下发扬长征精神的一个生动缩影。这里曾是个荒凉的郊区，少有人问津。后来，县里抓住机遇，招商引资，大力发展纺织业。之后，不断有厂房从这里拔地而起，道路开始纵横交错。我的父亲10年前来到这里工作，再未离开。

老红军在老去，但红军精神不老，中国共产党不老。红色土地上的新一代前赴后继地在现代化建设中长征，朴实勤劳地创造着美好的新生活。

贵州遵义："生死转折"红土地

田海丽（湖北中医药大学护理 2015 级本科生）

调研时间：2016 年 7 月至 8 月

调研地点：遵义会议会址、红军山、遵义县苟坝会议地

遵义是著名的革命老区，红军长征在遵义发生了多起重大事件，创造了一个又一个辉煌业绩，在危急关头挽救了党、挽救了红军、挽救了中国革命，书写了"历史转折、出奇制胜"的壮丽篇章。长征胜利80 周年之际，为亲身感受红色遗迹，我实地探访遵义，寻找历史印记。

1935 年 1 月上旬，中国工农红军第一方面军长征到达遵义。1 月 15 日至 17 日，中共中央在这里召开政治局扩大会议。此次会议独立自主地纠正了错误领导，确立了毛泽东在红军和党中央实际上的领导地位，是中共历史上的一个生死攸关的转折点，标志着中国共产党在政治上走向成熟。

遵义会议会址摹刻着毛泽东的《长征》诗 田海丽摄

　　7月14日上午，我早早地坐上了去遵义的车，经过两小时车程到达遵义。遵义会议会址位于遵义老城子尹路96号，周边遍布红色建筑。遵义会址由会议主楼、红军总政治部旧址、毛泽东旧居遗址、中华苏维埃旧居遗址等组成。

　　顺着街道走过去，映入眼帘的是檐下"遵义会议会址"六个大字。进入馆内，右边墙上题写着毛主席的七言律诗《长征》。遵义会议会议室经过几次修整，开阔明亮，让人能想象出当年红军在这里召开会议的场景。

　　我参观了馆内陈列的红军用过的水瓶、大饭锅、机关枪，以及红军穿过的军大衣和红军鞋。红军战士就是用这些简陋的装备取得了革命的胜利，他们艰苦奋斗的精神让我肃然起敬。

近几年来，当地政府大力宣传红色旅游，每年来遵义旅游的人越来越多，同时带动了遵义的经济发展：以前坑坑洼洼的马路变成现在发亮的柏油路和高速路；周边开了许多茶馆、咖啡店。在大学里，常有同学问我家乡在哪里，我回答贵州遵义，他们会兴奋地说："原来是红色遵义啊！有名的历史文化名城、红色旅游胜地！以后也带我们去看看呗！"

红军烈士陵园位于市内小龙山上。1984年，为了纪念遵义会议召开50周年，中共遵义地委决定，在红军烈士陵园修建红军烈士纪念碑。

探访完遵义会址，下午我就去了红军烈士纪念陵园。陵园里一大片墙上刻着参加长征时的英烈名字，立有邓萍同志之墓、孙仁道同志之墓等。

据管理人员介绍，邓萍1908年出生于四川省富顺县，1927年加入共产党，他生前参加了许多战役，作战英勇。1935年2月27日，在第二次攻打遵义城的战斗中，作为红三军团参谋长的他亲临前线侦察敌情，不幸光荣牺牲，年仅27岁。彭德怀见到他的遗体时，泪流满面，当即下达作战命令："拿下遵义城，为参谋长报仇！"临近拂晓，遵义城被红军攻下。

红军山上还有座"红军坟"，坟的左侧有一尊红军卫生员给儿童喂药的铜像。当地老百姓把这尊铜像称为"红军菩萨"。听附近一位老奶奶说，1935年1月，红军长征到达遵义，有位年轻的红军卫生员，待老百姓犹如亲人，医术精湛，药到病除。一天夜晚，他翻山越岭去为一位患伤寒的老农治病，第二天回来的时候，部队已经紧急转移。他在追赶部队途中，不幸被敌人杀害。乡亲们冒着被杀头的危险悄悄掩埋了卫生员的遗体，因不知这位红军小战士的名字，只好在墓碑上刻上"红军坟"三个字。

1953 年，"红军坟"迁入红军烈士陵园，并根据流传中美丽善良的女红军卫生员的形象塑了铜像。后经过多方考证，"红军坟"里长眠的烈士名叫龙思泉，是一名男性，牺牲时年仅 18 岁。"红军坟"是军民鱼水情深的象征，龙思泉是红色军医的杰出代表。

每年，当地的学校都会组织学生来陵园纪念红军烈士，以牢记历史，勿忘先烈，坚定信念。2015 年，习总书记也来到遵义红军山，为烈士献花篮，并问候了健在的老红军以及红军家属。

苟坝会议会址，位于遵义县枫香镇苟坝村马鬃岭山脚，距县城 50 公里，距遵义 56 公里。苟坝是一块高山环绕的坝子，南北长约 3 公里，东西宽 1 公里，东北西南山峰林立。1935 年 3 月初，中央主力红军进驻苟坝村。苟坝独特的环境地形非常有利于红军隐藏，可避免敌军轰炸。

1935 年 3 月 10 日至 12 日，党中央在此召开政治局会议，即"苟坝会议"。此次会议是遵义会议的继续与完善，是四渡赤水中三渡、四渡的策划地，为"坚持真理、修正错误"的党史记下重要一笔，在长征历史上是不可忘记的。

7月15日，我和朋友一起搭车前往苟坝，沿路风光十分优美，车经过花莲村就是苟坝了。如今，苟坝已经成为红色旅游村，沿路可以看到"中央红军在苟坝"以及"醉美遵义　红色苟坝"等字。村子里设有陋室博物馆、红军食堂、毛主席在苟坝的居住旧址、苟坝会议会址、红军物品收藏屋等。

苟坝的红军马灯馆，记录了这样一则故事：在步城苗族自治县丹口镇下团村，村民杨光清珍藏着一盏红军留下的马灯。这盏马灯承载着一段红军尊重百姓的佳话。1934年湘江战役后，红六军团西征从广西进入步城。9月11日，该军团担任后卫的十七师五十一团三营途经下团村杨锡成、吴老福（杨光清的爷爷和奶奶）开的"伙铺"时，稍作停顿。当时，34岁的吴老福主动用苗药为红军伤员治疗，红军营长周仁杰非常感动，留下银元以致谢意，被纯朴的吴老福拒绝了，周仁杰于是将他身上留有的一盏马灯留下作为纪念。杨家爷爷奶奶视这盏马灯为珍宝，保存了80年，到杨光清已是第三代了。

在苟坝，我发现这里的红色文化已经浸入人心，随机采访几位村

苟坝红军村　　田海丽摄

民，都能说出一两件红军长征的故事，连孩子也知道这里曾召开过苟坝会议。政府十分注重当地红色文化的建设。苟坝会议会址召开的地方原是一户卢姓村民居住的房子，经过改建和修复成为了省级文物保护单位、爱国主义教育基地。村里一位老奶奶说，因为开发红色旅游，村民的生活也随之得到改善。

据了解，每年都有不少旅客来苟坝重走红军路，寻访红色故事，欣赏苟坝美丽的风景。

遵义，一座红色历史文化名城。当年红军在这抛头颅、洒热血，英勇抗敌；如今的遵义，是红色文化和现代大都市的结合，既有拔地而起的高楼，又可从城市建设的方方面面看到她的红色基因。

遵义正被打造成"黔北民居城"，是民族风情与现代都市的融合。近几年，政府大力推动红色旅游，每年来遵义的人数都在大幅增加，带动了遵义的经济发展，人们的生活水也日益提高。

遵义人从未曾忘记革命前辈的守护，谨记红军长征艰苦奋斗的历程。人们在享受现代幸福生活的同时，时刻记得保护这红色文化。政府每年鼓励学校组织有教育意义的活动，比如组织学生去红军山扫墓纪念、参观遵义会议会址等，在一定程度上让学生更多地了解红色文化。对于遵义人民来说，历史不仅未被忘记，反而历久弥新。

此次重走长征路，重温了长征的艰苦历程，更觉得不忘初心，继续前行的必须。要时刻保持激情，拥有理想，始终相信党，相信中国梦终会实现，相信在自己的努力下，梦想之花总有一天会盛开。

广西兴安：历史在这里改写

胡巧玲（中南财经政法大学法学 2015 级本科生）

调研时间：2016 年 7 月至 8 月

调研地点：位于广西壮族自治区桂林市兴安县的
红军长征突破湘江烈士碑园、广西兴安县界首镇的
"红军堂"

1934 年 10 月，中央红军 8 万多人撤离中央苏区，
连续突破敌人三道封锁线后，于 11 月下旬进抵湘桂
边境。蒋介石调集 30 万大军在兴安、全州、灌阳一
带布下了号称"铁三角"的第四道封锁线，试图将中
央红军全歼在此。面对生死存亡的危境，红军将士浴
血奋战五昼夜，以折损过半的代价由兴安县的界首、
全州县的大坪、凤凰咀等主要渡江点突破湘江。

在长征胜利 80 周年之际，我来到位于广西壮族
自治区桂林市兴安县的红军长征突破湘江烈士碑园，
近距离感受了那一场曾经发生在家乡的惊心动魄、
无比悲壮的战役。同时，感受到了家乡日新月异的

变化。

湘江战役是红军长征历时最长、规模最大、战斗最激烈、损失最惨重的一战。红军长征突破湘江烈士碑园在兴安县城边狮子山上。在这里，我们看见了一条S形的、密密麻麻的刻录着湘江战役中不幸牺牲的烈士名字的英名录长廊，长廊中雕刻着20321位牺牲的烈士的名字。

湘江战役中最为悲壮、最为可歌可泣的是红五军团三十四师。红五军团是全军的总后卫，承担中央纵队的殿后任务，在敌军的包围圈越缩越小、跨越湘江之路随时可能被切断的危急时刻，他们只能在全军过江之后再过江，面临的处境凶险之极。主力红军西渡湘江以后，敌军如飞蝗扑来，切断了三十四师到江边的通道，三十四师血战数日，与敌人拼尽弹药。

湘江战役纪念馆 胡巧玲摄

红三十四师师长陈树湘负伤之后，落入敌手。为了邀赏，敌人用担架抬着他欲送往省城。1934 年 12 月的一个晚上，陈树湘，这位年仅 29 岁的红军师长扯开包伤的纱布，扯断受伤的肠子，用生命捍卫了胜利的信念和红军将士的尊严。作为后卫中的后卫，陈树湘率领的三十四师 5000 余人牺牲，为幸存的 3 万红军换取了西进的机会。

湘江战役后，红军由长征出发时的 8.6 万人减至 3 万余人。至今，当地民众仍有"三年不饮湘江水，十年不食湘江鱼"的说法。

湘江畔，矗立着一块无字碑。碑的基座上刻着这样一行字："你们的姓名无人知晓，你们的功勋永世长存——为掩护党中央、中革军委和主力红军在湘江战役中牺牲的红三十四师六千闽西红军将士永垂不朽。"一路探寻，我们知晓，这块纪念碑是红军后代——韩伟将军之子韩京京为缅怀先烈，在湘江战役过去 75 周年的日子，于 2009 年所立。

韩伟，红五军团红三十四师一百团团长，是红军三十四师唯一幸存的团以上干部。湘江战役中受命率领全团参加掩护中央红军主力过湘江的战斗，所部被敌军截阻未能过江，指挥部队浴血奋战。

韩伟将军的回忆录这样记叙道："弹药打光了，红军指战员就用刺刀、枪托与冲上来的敌人拼杀，直杀得敌人尸横遍野。我团 1 营有位福建籍连长，在战斗中身负重伤，肠子被敌人炮弹炸出来了，仍带领全连战斗。阵地上空铁火横飞，山上的松树烧得只剩下枝杆，但同志们仍英勇坚守阵地，顽强战斗。"

韩伟将军在弥留之际向韩京京交代道："湘江战役时，我带出的闽西子弟都牺牲了，我对不起他们和他们的亲人。要是带领他们过了湘江，征战到全国解放，说不定全国的将军县还会出在闽西，出在永定、龙岩、上杭……我这个将军是他们用鲜血换来的，我活着不能和他们在一起，死了也要跟他们在一起，这样我的心才能安宁。"

告别烈士碑园，我们前往位于广西兴安县界首镇的"三官堂"。"三官堂"是一座距离界首渡口不到100米的古老祠堂。湘江战役时，红三军团军团长彭德怀的临时指挥部就设在这里。当年，中央主力红军就是在这里渡的江。

新中国成立后，当地群众称三官堂为"红军堂"。而对于当年的战事，当地不论男女老少，人尽皆知。

多少年过去了，当地老人仍为后辈们讲述那场血战："到了吃饭的时候，炊事班战士挑着白花花的米饭，竟然找不到人吃，坐在地上哭。山坡上到处都是尸体，都是些十几二十几岁的红军娃娃……单单掩埋牺牲的红军将士，当地村民就用了3天。"一代又一代人对这些故事口口相传，加之界首镇既有界首红军堂、界首渡口渡江遗址、光华铺阻击战遗址，还有光华铺红军烈士墓、界首红军烈士墓等红色资源，红军长征的故事也被我们90后所铭记。

界首镇自古以来就是商贸重镇，如今更是桂北物流、信息流的中心，是桂北重镇，是兴安县的次中心。今天的界首镇不仅农业基础好，工业蒸蒸日上。农业上，界首镇如今是兴安县有名的柑橘大镇，柑橘示范基地带动全镇柑橘种植面积达 4.65 万亩。其中，以种植柑橘为主的界首镇新田自然村，被广西壮族自治区政府命名为"广西名橘村"。此外，觉山铺阻击战的山上已经种上了丰水梨，山下 5000 亩的特种提子，出口越南和东南亚，在镇里的规划图上，这里将是未来的"南方吐鲁番"；工业上，界首镇拥有固定资产投资超亿元的企业 1 家，超 5000 万元的企业 3 家，规模以上企业 8 家，2007 年招商引资工作更是名列全县前列。

站在狮子山上俯瞰大半个兴安县城，我们可以清楚地看见：烈士碑园左边的道路旁，兴安县未来的第三小学正在热火朝天地施工，或许明年就会有大批朝气蓬勃的学生在此学习。右边，则是正在破土动工的又一住宅小区。远眺，通往桂林的国道上面一辆辆小车川流不息。整个兴安县城楼房林立，各色商铺遍布。

一切都已不复当年湘江战役后断壁残垣之景，如今的兴安已在共产党领导下和人民的努力下成为了中国十大魅力名镇。我相信，家乡会越发美丽！

行走在湘江边，繁华处高楼林立，寂静处炊烟袅袅，偶尔还能看见居住在湘江边的村民们在湘江上捕鱼。或许当年红军在此拼杀的痕迹会随着岁月的流逝渐渐淡去，但红军烈士们的精神却永远镌刻在生活在这片土地上的人们的灵魂深处，激励着人们如战士一般紧紧团结在中国共产党身边，不断追求更加美好的明天。

作为新中国的青年，我们不仅要看见眼前中国的美好，更应该去深刻了解近代以来中国人民和中华民族不懈奋斗的光荣历史和伟大历程。只有了解到今天幸福生活的来之不易时，我们才能更坚定地跟随着中国共产党，为实现中国梦而不断努力奋斗。

湖南永州：吃水不忘挖井人

吴林容（武汉大学信息管理与信息系统 2014 级本科生）

徐　聪（华中科技大学通信工程 2014 级本科生）

调研时间：2016 年 7 月至 8 月

调研地点：湖南省永州市道县县城、新车乡新屋村、寿雁镇豪福村、四马桥镇、石马神乡

　　永州市位于湖南省南部，潇、湘二水汇合处，东南抵广东省清远市，西接广西与桂林市全州县交界。1934 年 8 月 21 日，红军长征的先遣队——红六军团攻克永州市新田县。自此，红军长征进入永州境内。

　　在永州境内，中共中央机关、中央红军渡过敌人把守的潇水。在道县豪福村的老屋，抢渡湘江的命令在此下达，从此拉开了湘江战役的帷幕。为拖住敌军，掩护红军主力抢渡湘江，红三十四师师长率领红军战士谱写了如电影《集结号》中展现出来的壮烈事迹。

　　如今的永州，一处处遗址见证了红军长征的艰难

红军从我家乡走过
——百名大学生眼里的长征

位于永州道县境内的上关
潇水河红军渡浮桥
吴林容摄

历程与英雄故事，红军长征的精神也在这片土地上生根发芽不断传承，给我们的家乡——永州人民留下了宝贵的精神财富。

在永州市道县县城的潇水河上，有一座不起眼的浮桥，据悉已有 700 余年的历史。这座浮桥长约 140 米，宽约 3 米，由 22 条船只背负着树条和木板组合而成，并由两根粗大的铁链牢牢地拴连在一起。

2016 年 7 月 29 日，我们调研小队来到此地，看到浮桥上大人架着鱼竿，小孩在浮桥下方河中嬉戏，尽情享受着戏水的乐趣。若不是浮桥旁边的石碑上写着"上关潇水河红军渡遗址"几个大字，谁能想到 82 年前，这里发生了惊心动魄的战斗？

浮桥通向对岸的道县城南门口，曾是宁远往道县方向的交通要地。1934 年 10 月，红军在连续突破敌人的三道封锁线后，于 11 月中旬挺进永州。

11 月 20 日，中央红军野战司令部命令红一军团第二师奔袭道县县城。师长陈光、政委刘亚楼决定由担任前卫的红四团正面进攻，红五团迂回。红四团团长耿飚、政委杨成武率领红四团指战员长途奔袭，于 21 日傍晚，赶到道县县城潇水东岸的水南街，筹划渡河攻城。午夜，红四团接令后，立即派工兵排长率三名水性好的战士偷偷泅水渡河。刚到河中心位置，一名战士在急流中中弹牺牲，但另外三名战士迅速占领了渡口。

过河战士在当地船工和群众的帮助下，天亮时架起了浮桥。22 日拂晓，红四团攻入南门，红五团占领了城西各据点，守敌溃逃。红四团随即占领道县县城，为红军主力顺利渡过潇水创造了条件。25 日，中央机关、中央红军从道县县城至江华县水口方向全部渡过潇水，粉碎了蒋介石利用潇水迟缓红军行动的企图。

在这场战役中，浮桥起着关键性作用。后来，人们为了纪念红军长征，将原来的浮桥渡口更名为红军渡。

豪福村位于道县西北方向，距离县城二十多公里。

1934 年 11 月 25 日下午，中央机关、红军总部和军委纵队离开禾塘村，经寿佛圩行进至靠近湘桂边境永安关的道县豪福村宿营，抢渡湘江的命令就是在

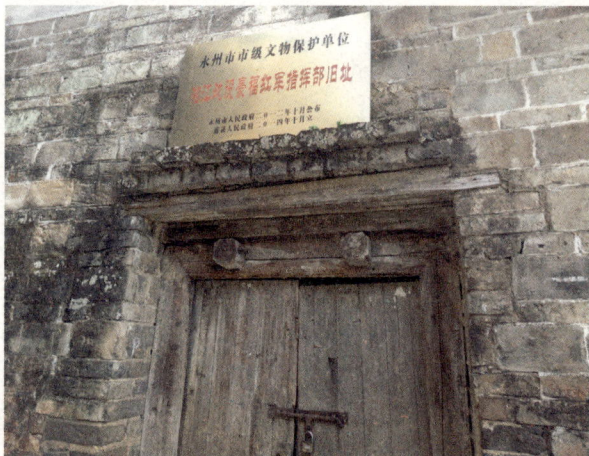

湘江战役豪福红军指挥部
旧址　　　　吴林容摄

这里发布的。

我们调研小队骑着电动车，沿着 S323 省道往西边永安关驶去，继续寻访红军长征的足迹。来到豪福村附近时，我们向一位农民伯伯问路，根据指引，拐进一条水泥岔路进村。村子里仍保留着不少老屋，房屋外墙上有些红军标语已经无法识别，但大一点的标语"中国共产党万岁"依旧清晰可见。在水泥路的尽头，我们看到了一块纪念石碑，碑文上记载着此地为"中共中央、中革军委机关临时驻地旧址"。这座房屋随着时间的流逝已经十分破旧，右侧的外墙有好几处开裂的痕迹。旁边不远的一处旧屋门上，挂着永州市人民政府于 2012 年公布的匾额——"湘江战役豪福红军指挥部旧址"。

当晚，就是在这样简陋的老屋中，中共中央和红军总政治部在豪福村发布《野战军突破敌人第四道封锁线抢渡湘江的政治命令》，同时，中革军委主席、中国工农红军总司令朱德，以"万万火急"电，也发布了抢渡湘江的作战命令。

豪福村里发出的这条命令，也标志着湘江战役正式打响。

2007 年，冯小刚执导的电影《集结号》广受好评。

影片讲述了"1948年解放战争时期，连长谷子地率领九连47名战士在汶河岸执行掩护大部队撤退任务"的英勇悲壮故事。

相似的故事也发生在永州。

长征开始后，红五军团红三十四师一直担任全军的后卫。1934年12月，在掩护红一方面军渡湘江的过程中，陈树湘师长亲率三十四师与数倍于己的国民党部队拼死搏斗，很好地完成了后卫任务。至12月月初，三十四师只剩下三百余人。陈树湘率部准备赶上大部队，但是渡江线路已被敌军封锁。于是，他们整合队伍，准备到湘南打游击战或者返回井冈山。

12月12日，他们于永州江华县再次与敌军交火，陈树湘在作战中腹部中弹受伤，战士们扎起简易担架抬着受伤的师长向旁边的道县退却。几天后，陈树湘的部队大部分人员牺牲，陈树湘也在道县四马桥镇的一个村庄里被俘。1934年12月18日，道县保安团的一个营长叫了几个保安兵抬着陈树湘回道县县城向主子领赏。在路过石马神村的时候，陈树湘趁着保安兵不注意，从伤口处掏出肠子，用力绞断，英勇就义。保安团的人把他的尸体带回了县城，砍下他的头颅在城门上悬挂。当地老百姓晚上冒着生命危险，悄悄将陈树湘的遗体埋葬在潇水河畔。

2016年8月1日，我们沿着潇水河岸往南走，最终在距离道县上关大桥约100米处，找到了陈师长的墓和红三十四师旗帜雕塑，下面刻有这样一行字：

"你们的姓名无人知晓,你们的功勋永世长存"。

在这次调研中,随着我们一步步地重新踏上当年红军长征的道路,除了为当年发生的那些英勇事迹所感动,我们也对家乡变化而感到惊讶。

当年红军长征时经过的地方,现在都已经模样大变。82年前,由于没有其他更好的过河方式,红军将士只能冒着枪林弹雨将船只连接在一起渡过潇水;如今,道县县城中有了两座水泥大桥,一座是处于城中位置的上关大桥,已经成为人们生活中的一部分。82年前的豪福村中,大多是低矮的土坯房;如今,村里砌起了很多三四层楼高的砖瓦房,修通了水泥路,村民们也越来越富裕,生活得越来越幸福。

2008年左右,道县通了火车,去外地的交通变得越来越方便。不论是在外读书,还是在外务工,火车的出现给我的家乡带来了巨大的变化。

最显著的变化是,以前,家乡提供给农民工的工作岗位不多,许多人不得不背井离乡外出打工;如今,县城郊区处的工业园区逐渐发展起来,提供的就业岗位越来越多,家乡的人再也不用辛辛苦苦出外谋生。

此外,生活小区、公园等如雨后春笋般出现在我们的县城里,我每一次放假回家都会感到眼前一亮。

正所谓"吃水不忘挖井人",生活在如此和平繁荣的时代,我们要感谢那些艰苦斗争的红军将士,感谢那些英勇牺牲的革命前辈;我们的生活变得越来越

幸福，家乡发展得越来越好，还要感谢那些为实现中
国梦而努力奋斗的人。

我为家乡的历史骄傲，我为家乡的发展自豪。

甘肃武山：红军赤脚蹚过的渭河上建起大桥

李亚兵（中南民族大学生物医学工程 2015 级本科生）

樊诗金（中南民族大学生物医学工程 2015 级本科生）

调研时间：2016 年 7 月至 8 月

调研地点：甘肃省天水市武山县

武山县隶属于天水市，位于甘肃省东南部，地处秦岭山地北坡西段与陇中黄土高原西南边缘复合地带，是古丝绸之路的咽喉要道，更是一方具有优良革命传统的热土。

1935 年 9 月至 1936 年 10 月，毛泽东、周恩来、朱德等老一辈无产阶级革命家率领中国工农红军第一、二、四方面军主力部队，先后 3 次经过武山，活动时间长达 50 多天，播下了革命火种，留下了无数红色遗迹。

2016 年 7 月，我们调研小组参观了武山县红色革命遗址，详细了解了红军长征在武山县的足迹。

鸳鸯镇费家山毛主席旧居
李亚兵摄

　　首先，我们去参观了鸳鸯镇费家山毛泽东长征旧居。据党史资料记载，1935年9月26日，红一方面军长征到达武山鸳鸯镇，在即将渡过渭河时遭遇来自武山、陇西方向国民党部队的夹击，毛主席从容镇定地指挥红军击溃前来堵截的敌人。

　　击溃敌人后，出于安全考虑，有人建议毛主席继续赶路，毛主席淡然说："他们不敢来的！"于是部队行军至费家山、水家沟一带，露天宿营一夜。毛主席则在村民费孝忠家借住与办公一夜。第二天离开，前往通渭县榜罗镇。

　　红军严明的纪律给武山群众留下了不可磨灭的印象。红军在费家山住的一夜，天气已经很寒冷，但红军坚持不入民房，晚上生着火，露天宿营，借用群众的东西，临走时都放置得整整齐齐，一物一件都不差。

　　这样的红军，得到了群众的积极配合协助。费家山一名群众亲自用自家的毛驴，帮助红军运送筹集到的粮食去榜罗镇，他回来时红军还给了90元的川币作为酬谢。

毛主席长征借住过的旧居是一座简陋的泥瓦结构的农院，面积约30平方米，保护范围面积200平方米。虽然历经了80年的风风雨雨，农院依然保护完好，门口还挂起了一块金色牌匾，写着"费家山毛泽东长征旧居"。旧居内摆放着当年毛主席在费孝忠家住宿时使用过的针线盒与烟丝盒。

2014年，费家山毛泽东长征旧居被武山县党史办命名为县级爱国主义教育基地。

看过毛主席旧居后，我们继续向前去往红一方面军强渡渭河纪念碑。这座纪念碑位于甘肃省武山县鸳鸯镇鸳鸯村北侧渭河大桥南端桥头，建筑面积10平方米，保护区面积1000平方米。纪念碑落成于2002年8月1日，是县级爱国主义教育基地。

碑文刻着"红一方面军强渡渭河纪念碑"，上款"公元一九三五年九月廿五日"，下款"武山县人民政府""二零零二年八月一日"。

据相关史料记载，1935年9月25日，毛主席率领的中央红军陕甘支队（一方面军）跨越龙川河进入武山境内，途经苗丰、杨坪、王家门、付家门，到达鸳鸯镇丁家门。

26日拂晓，部队离开丁家门，沿榜沙河向北挺进，越过支锅石峡到达渭河之滨的鸳鸯镇，并分两路纵队强渡渭河，武山、漳县守敌闻讯赶到，两岸枪声齐鸣，机关枪、迫击炮一齐开火，红军立即投入战斗，击退敌人阻击，从容不迫地上了北山。

9 月 27 日，红军进入通渭县史家庙到达榜罗镇宿营，并在榜罗镇召开了长征途中一次重要的会议——中共中央政治局榜罗镇会议。

2012 年 9 月，武山县红军长征强渡渭河纪念馆建成开馆并免费开放。纪念馆共展出各种图片 100 余幅、革命历史文物 20 余件，真实展现了从 1935 年红军过境武山到新中国成立初期武山的革命历程、经济建设和沧桑巨变。

在纪念馆里，我们看到了一幅画，反映的是当年毛主席带领红军从渭河涉水而过的场景。如今的渭河早已架起了现代化的大桥，过河再也不需要涉水了。

调研过程中，我时常在想：一段岁月，波澜壮阔，刻骨铭心；一种精神，穿越历史，辉映未来。红军精神是时代的结晶，具有永恒不变的历史价值，是中华民族自强不息与艰苦奋斗精神的延续和升华。

长征精神已成为中华民族意志与品格的注脚，成为中华民族追求光明与理想的象征，成为中华民族发奋图强、坚忍不拔、战胜一切困难的精神力量。

回顾近一个世纪的历史，发现红军长征时经过的地方都发生了很大的变化，我的家乡也不例外。80 多年前，红军打着赤脚，冒着枪林弹雨，深一脚、浅一脚，在渭水河中艰难前进；如今渭水河建起了现代化大桥。80多年前，这里的人们连吃饭问题都解决不了；如今家家户户都在奋力奔向全面小康生活，人们不仅温饱不愁，更加注重吃好。80多年前，人们住的是茅草房，只有学校等机构是土坯房；如今越来越多的人家盖起了小洋楼，有了自己的私家车，互联网基本上遍及家家户户。

近年来，武山县政府围绕"一轴四片、组团发展"的空间布局，建成了全长15.3公里的交通大道，打通了连接城市两大核心区的快速干道，初步形成了大城区框架，城乡道路也有很大改善。以前的土路泥泞不堪，有些路面甚至只能允许一个人通过，现在，基本上都是水泥路，而且可以允许两辆汽车并排通行；火车站也建在了家乡附近，人们出行再也不用担心路途遥远、交通不便等问题。

我想，这所有的积极变化都是家乡人民发扬艰苦奋斗精神得来的。这是对当年长征经过此地的红军最好的告慰，也是长征精神最有力的传承。

长征精神也深深震撼了我的心灵。作为新时代的大学生，在我们的人生旅途上，同样需要伟大的长征精神来指引，在未来的人生道路上，奋勇前进，为自己的美丽家乡，为我们伟大的祖国作出青年一代应有的贡献。

第三辑

跟党走是信仰的力量

甘肃会宁：三个字提醒后代不忘本

贾雪梅（武汉大学临床医学七年制 2012 级本科生）

赵晋娥（中国海洋大学生态学 2015 级本科生）

贾竣博（西安电子科技大学计算机科学与技术 2015 级本科生）

调研时间：2016 年 7 月至 8 月

调研地点：甘肃省会宁县

会宁县，隶属于甘肃省白银市，位于甘肃省中部，白银市南端。会宁自古以来就是交通要道、军事重地，素有"秦陇锁钥"之称。1936 年 10 月，中国工农红军三大主力在会宁胜利会师，会宁由此闻名中外。

如今的会宁县，是历史文化名城，红军三大主力胜利会师的革命圣地，更是享誉全国的教育名县、充满希望的绿色产业基地。这里有"西北高考状元县"和"博士之乡"的称号，这里有汉、回、东乡、撒拉等多个民族居民和谐相处，经济生活水平稳步提高。

红军从我家乡走过
——百名大学生眼里的长征

红军会宁会师旧址

赵晋斌摄

　　我们调研小组此次社会实践调研的地点正是会宁县。2016 年 7 月，我们走进了会宁红军长征胜利纪念馆，瞻仰了红军会师革命遗址。

　　据讲解员介绍，1936 年 10 月上旬，先期到达陕北的红一方面军为迎接即将到来的红二、四方面军，连续在会宁地区对敌人发起攻势，一举攻占了会宁县城，为胜利会师奠定了基础。

　　为了实现三大主力会师并完成继续北上的目标，在会宁境内，红军与国民党胡宗南部先后在会宁县城、范家坡、红堡子、大墩梁、张城堡、慢牛坡等地进行了 6 次较大的战斗，消灭国民党军队 8000 余人。其中，红军方面也有 1800 余名指战员牺牲。

　　红军在会宁胜利会师期间，毛泽东、周恩来、刘少奇、邓小平等曾途经会宁，朱德、彭德怀、林彪、刘伯承、贺龙、罗荣桓、徐向前、聂荣臻、叶剑英等在会宁留下了战斗和生活的足迹。

红军在会宁会师后的休整期间，建立了 5 个苏维埃政府、5 个抗日农民协会。在这里，还举行了庆祝红军会师联欢会，红军总司令朱德宣读了中央贺电。

会宁是红军长征的"四大聚集点"（出发点瑞金、转折点遵义、会合点会宁、落脚点延安）之一。会宁会师标志着举世闻名的二万五千里长征胜利结束。

我们在探访过程中听说，会宁县老君坡村有一位老人叫何德林，如今已 90 多岁。他并不是土生土长的会宁人，而是 1935 年 9 月在红军突破腊子口即将到达陕北时，因伤势过重流落于此直至现在。

据了解，1933 年，年轻的何德林告别新婚妻子参加了红军。长征时，他是红一军团的一名班长。强渡大渡河时，他是渡河先锋队的一员。

何德林认为自己是幸运的，他身边的战友一个个

会宁县红军会师门

赵晋娥摄

倒下，而他却一次又一次死里逃生。由于年代久远，他已记不清长征中的很多细节。他的肋部、腹部、腿部至今留有清晰可见的 3 处伤痕，不过，他却记不清受伤的具体时间和战斗了。

在攻占腊子口时，由于负伤，他不得不留下养伤，与大部队失去了联系。担负腊子口主攻任务的是红一军团二师四团，何德林所在的团参加了配合战斗。战斗中，何德林右臂受了伤，他当时以为会像以前那样经过包扎后继续行军。但走了 3 天后，伤口感染，实在走不动了。部队领导动员他留下养伤，并派两名战士保护他。

第二天，地方民团追了上来。为了不连累别人，何德林把枪交给那两名战士，让他们去追赶大部队。而他实在跑不动了，就坐在一块石头上。地方民团的人追上来，见他奄奄一息，便放过了他。在当地群众帮助下，何德林得以劫后余生，在甘肃定西市通渭县与当地一名女子成婚。

新中国成立后，何德林定居会宁县老君坡村。虽然他尝试过寻找部队，但是都没有成功。他心中始终不忘长征、不忘红军，在给自己 3 个儿子起名中分别带了"红""军""兵"三个字。他说，这是要告诉人们及后代，他是一名老红军，也要让子孙后代永远不忘革命和红军。

此次探访，我们还接触到一些家乡人。从他们朴实的话语中，我们感受到他们对共产党领导的认可与感激，对来之不易的幸福生活的珍惜。

初中教师王瑞说："尽管当年条件异常艰苦，但共产党领导红军仍然取得了胜利，可见长征精神是多么强大。只有更加珍惜今天来之不易的幸福生活，我们才对得起革命先烈。"

政府工作人员贾哲表示，如今，红军会师旧址已成为长征路上的旅游胜地。会宁县游客接待量从2006年的20万人次增加到2013年的130万人次，可见革命传统教育越来越受到重视。

2016年是红军三大主力会宁会师暨长征胜利80周年。会宁县举办了以"让红色基因代代相传"为主题的纪念活动，推进红色历史与文化旅游深度融合，打造全国红色教育基地、红色旅游目的地、红色文化产业聚集地，努力建设"全国红色旅游名城"和"国家历史文化名城"。

近年来，会宁县还把发展电子商务作为培育产业品牌、促进农民增收、加快脱贫攻坚步伐的重大举措。会宁县与阿里巴巴集团进行深度合作，引进阿里巴巴"农村淘宝"项目，建设"1+9"电子商务一条街，打造了甘肃乃至全国独具特色的电子商务示范基地，进一步促进了全企入网、全民触网、大众创业、万众创新。

如同红军长征精神的内涵一样，家乡人民敢想敢干、不怕吃苦、勇于克服困难，也必将进一步提升家乡的经济社会发展水平。

这次社会调研实践让我们的心灵接受了一次洗礼。我们的感受主要有两点：难以想象的历史和惊人的精神力量。

透过纪念馆中那些陈旧的物品，我们看到了一段感天动地的历史。说实话，当我们把自身投置于红军长征的历史环境中时，我们无法想象是怎样的力量让红军指战员在那样艰苦的环境中取得了伟大的胜利。

毛泽东曾说："武器是战争的重要因素，但不是决定的因素，决定的因素是人不是物。"德国军事理论家克劳塞维茨在其代表作《战争论》中有过类似观点。克劳塞维茨把战争中的精神力量理解为统帅的才能、军队的武德和军队的民族精神。它贯穿于整个战争领域，具有重要的价值和惊人的作用。从长征的红军指战员身上，我们可以看出人的精神力量是不可限量的。

调研过程中，我们还能处处感受到人民群众对党的肯定与热爱，以及对党带领人民群众走向更加美好未来的期盼。长征印证了共产党的正确领导以及中国人民艰苦卓绝的斗争精神，凸显了中华民族的伟大力量。

广西灌阳：我们坚信的是同一种精神

刘家唐（中南财经政法大学工程造价 2014 级本科生）

调研时间：2016 年 7 月至 8 月

调研地点：广西壮族自治区桂林市灌阳县新圩镇枫树脚阻击战场、下立湾红军临时战地救护所、酒海井红军烈士纪念碑

1934 年 11 月 27 日至 12 月 1 日，中央红军在湘江上游广西境内，与国民党军苦战五昼夜，最终强渡湘江，突破了国民党军的第四道封锁线，粉碎了蒋介石围歼中央红军于湘江以东的企图。湘江战役是关系中央红军生死存亡的一战。在湘江战役中，新圩阻击战是三大著名阻击战之一，也是红军突破湘江防线的战斗中最惨烈的一次。

湘江战役中，新圩阻击战是红军为突破湘江防线，继脚山铺阻击战之后的第二次阻击战。

灌阳县新圩镇位于广西北部，从新圩以北一直到湘江岸边都是一马平川，无险可守。而新圩往南至马

渡桥长约 10 公里的道路两侧丘陵连绵，森林葱郁，是开展阻击战的理想环境。为了防止从灌阳县城方向北上的国民党桂军切断红军西进通道，中央革命军事委员会命令红三军团五师从新圩南下，不惜一切代价将桂军阻挡在新圩以南。

从这里碑文的记载中，我看到这样一段话："1934 年 11 月 27 日至 30 日，为掩护中央红军抢渡湘江，中央军委炮兵营，红三军团红五师第十四、第十五团，红六师第十八团先后受命在新圩至排埠江一带阻击国民党军两个师及一个独立团的疯狂进攻，浴血奋战四天三夜，完成了阻击任务。"但是，红军也付出了惨重的代价，红五师损失过半，师参谋长胡震也牺牲了。

在新圩阻击战中，像枫树脚阻击战这样惨烈的战斗还有很多。处在山脚一个狭长山谷里的楠木村，红六师第十八团接防撤下来的红五师，在这个山谷里阻击了三个师的敌人，这个团最后战至弹尽粮绝，从团长、政委到战士几乎全体阵亡，团长的姓名无从查证。

《红军长征史》里提到，在新圩阻击敌人的红军部队不断接到的是总部这样的电文："红星，纵队正向江边前进"，"红星，纵队已接近江边"，"红星，纵队先头已开始渡江"。这每一份电文意味着，让这些阻击部队坚持再坚持，因为他们多坚持一分钟，军委纵队就多一份安全。可是，这种坚持，面对的却是数十倍于己的敌人，面对的是牺牲。

桂军走后，当地村民过了两天才敢去山上看。他们发现，山坡上到处是尸体，大部分是十几二十岁的红军战士。牺牲的战士实在太多，村上的人埋不过来，只好把战士们的遗体都推到战壕里，又把土盖上。村民一边埋一边手发抖。

在新圩阻击战中，红五师将临时战地救护所设在新圩镇下立湾村的祠堂，里面挤满了伤员。当时有些红军战士连把像样的枪都没有，更别提医疗卫生条件了。不少伤员得不到及时的止血抢救，鲜血流淌，渗进身下的砖地里。

目前，下立湾红军临时战地救护所旧址是全国文物保护单位，件件文物，都在无声地述说着当年红军的悲壮战斗。7月24日，我实地参观下立湾红军临时战地救护所，看到祠堂萧瑟破败，不禁感慨：红军战士在身受重伤之后却只能在环境如此恶劣的地方治疗，不少红军战士没有牺牲在战场上，而是在这里因得不到及时的治疗而牺牲。参观的游客无不被当年红军的英勇经历和这里萧瑟的氛围所触动，每个人都表情凝重，几乎没有交流。

红五师、红六师撤出新圩时，下立湾祠堂里的100多名重伤员来不及转移，被国民党民团和当地的土豪劣绅发现。他们纠集一帮流氓地痞，用麻绳将红军伤员手脚捆绑在一起，然后用木杠穿着一个一个抬到村外，残忍地将这些身受重伤的红军战士一个个全扔到一口井里。这口井是上窄下宽的溶洞，洞底有暗河，即使是正常人掉进去，也凶多吉少，当地群众称之为"酒海井"。100多名红军重伤员全部被扔到里面，活活淹死。

当我向和睦村部分村民进行问卷调查时，提到酒海井，他们都变得异常激愤，声讨国民党反动派的残暴。不止一位受访者提起，听老人说三天后井洞里还传出红军战士痛苦的呻吟。一位蒋姓村民说："老人们说当年敌人将108个红军丢到了这个井里。其实他们都不清楚具体丢了多少个，太多了……他们就粗略估算了一个108。"说到这里，他潸然泪下。

探访长征遗址过程中，抚今追昔，无比感慨。如今，县政府根据新圩镇境内革命遗址较多的特点，大力发展红色旅游和红色教育。新建的枫树脚新圩阻击战陈列馆已成为"青年马克思主义者培养工程"基地，游客渐渐多了，红色旅游收入也大幅增加。

探访的红军长征遗址附近，新农村建设如火如荼，特别是枫树脚屯。灌阳县是瑶族的发源地，枫树脚新圩阻击战陈列馆周围的新农村一派瑶族风格，整洁美观，游客赞不绝口。往日浴血的山头也被成片的枣树林和杉树林所覆盖，山脚下的水稻和葡萄长势喜人，生机勃勃。特色农业发展势头迅猛，农民日子越过越有奔头。

日子过好了，当地人更不忘本。我用问卷调查的方式，对当地两个村子的部分村民进行了这一段长征

枫树脚战场遗址下的新农
村建设　　刘家唐摄

历史状况的调查。

　　只要向村民提起当年长征，他们都乐于接受采访，毫不推辞。印象最为深刻的，是一位两鬓斑白的老爷爷填写问卷。他不识字，但听说是与当年红军长征有关的调查，二话不说，就让我向他读问卷，他口述答案。

　　做完调查后，他向我讲了一个"祖孙三代保红旗"的故事。新圩阻击战结束后，一位腿受伤的红军战士没有跟上大部队，落了下来，被一位黄姓村民收留。3天后，伤员伤势好转，决定去追赶大部队。临别时，红军伤员将一面红旗交给这位村民，并说革命胜利后会来取。抗日战争爆发后，日军侵占灌阳，老百姓纷纷弃家而逃。这位村民的儿子逃难时，身上什么都没带，只背了那个装着红旗的木箱子。听说日本人不会搜查小孩，他还曾把红旗藏在孩子身上。新中国成立后，他临终前交代儿子，一定要将红旗交给政府。这面保存了整整 45 年的红旗经历了祖孙三代的传承，于 1979 年终于来到了当地武装部。县文化馆为此还复制了一面红旗给黄家留作纪念。

统计结果显示，80%的受访者非常了解当地长征历史。不少村民在接受采访时都提到，刚懂事时，长辈就多次向他们讲起红军当年经过的故事，村里不少人对新圩阻击战耳熟能详。更让我惊讶的是，对于"长征精神是否会淡化或消失"这一选项，所有人都选择不会。与村民的对话，时时在提醒我，人们对于长征、对于党，都心怀感恩。

俗话说，读万卷书，不如行万里路。以前在课本上学习毛主席《七律·长征》时，只是听老师说起长征的不易和艰辛，此次调研活动虽然只有短短几天，却胜似平时千百堂思政课，我接受了一次丰富而生动的革命传统教育。

通过调研，我重温了革命历史，深切地感受到，毛泽东等老一辈无产阶级革命家对中国革命事业的巨大贡献，必须永远铭记。红军长征遗址可以大致反映出当年红军在新圩阻击战中所经历的惨烈的战斗。同时，保存完好的下立湾红军临时战地救护所和酒海井，则十分形象地还原了当年红军条件的艰苦。

重走一段长征路，铭记不屈民族魂。小时候，爷爷不止一次地向我讲述曾祖父母和他们几兄妹艰难的生活。连每一餐的米和盐都难以保证，就别提有肉吃和穿新衣服了。每次讲到动情处，爷爷都会告诉我

"吃水不忘挖井人"，如果不是红军进行长征并最终取得胜利，今天的幸福生活简直是奢望。

如今虽已进入 21 世纪，但伟大的长征精神并不过时。无论哪个行业，无论社会哪个阶层，都应该去熟悉，去了解这股蕴含无穷能量的精神。这次调研也使我更加明确了自己的责任，明确了今后的努力方向。作为当代大学生，我们一定要继续发扬革命传统，保持革命本色，继承老一辈无产阶级革命家的事业，与时俱进，开拓创新。我要不断地鞭策自己勤于思考、勤于学习、勤于工作，以更高昂的学习热情、更认真的学习态度，在今后的工作中取得长足的进步。

贵州瓮安：伟大转折的前夜

童　蕊（中南财经政法大学 CFA2014 级本科生）

苏　俊（武汉理工大学风景园林 2014 级本科生）

马佩月（华中农业大学道路桥梁与渡河工程 2014 级本科生）

调研时间：2016 年 7 月至 8 月

调研地点：猴场会议会址、猴场会议纪念馆、毛泽东行居、红军干部团休养连驻地

1934 年 10 月 3 日至 1936 年 1 月 26 日，红军长征先后四次经过瓮安县境，在瓮安的土地上谱写了一曲曲壮丽的战歌，为党的革命历史增添了光辉的一页。而著名的猴场会议，被周恩来同志称为"伟大转折的前夜"。

猴场，以中央红军长征途中召开的猴场会议而著名。这个镇上有与红军长征有关的猴场会议会址、猴场会议纪念馆、毛泽东行居、红军干部团休养连驻地等旧址。

瓮安县是红军长征史实中绕不过的名字。

1934 年 9 月 19 日，红六军团进入贵州省境。经过重重困难后，红军终于在 10 月 3 日于瓮安境内第一次飘起中国工农红军的战旗。红六军团西征经过瓮安县境，虽然只有两三天时间，但是他们打通了由黔东进抵乌江南岸的道路。

在长征的历史长途中，对瓮安影响最大的当属中央红军三过瓮安。红军总部、军委纵队于 1934 年 12 月 31 日进驻猴场，当日下午至次日凌晨，中共中央政治局召开会议，作出《中共中央政治局关于渡江后新的行动方针的决定》，史称"猴场会议"。这是红军二过瓮安。猴场会议后，中央红军强渡乌江天险，进军遵义。

红军三过瓮安则是为了进一步迷惑敌人，给敌人造成中央红军将东渡清水江，进入瓮安后重返湘西之势。1935 年 4 月 5 日，红一军团在清水江沿岸架设浮桥。6 日，红一军团渡过清水江，进入瓮安境内的白沙、建中一带，做出红军东渡清水江，重返湘西与红二、六军团会合的姿态。

更有意思的是，1936 年红军四过瓮安时，军民联欢过了个欢喜年。红二、六军团到达瓮安县城的时间是 1936 年 1 月 23 日，当天是农历乙亥年腊月廿九，正值除夕。红军官兵在贺龙、萧克的率领下，驻扎在瓮安县城内，本来冷清的街道一下子热闹起来，红军一边开展政治宣传和扩军活动，一边和穷人们联欢，高高兴兴过了一个热闹年。

7月19日早上9时，我们从瓮安县城向草塘镇出发。经过新建的城区以及工业园区，看见家乡发生的翻天覆地的变化，我们都无比感慨。短短几年时间，这里已然不是曾经的那个落后小县城了。鳞次栉比的高楼，繁华热闹的商业街区，干净整洁的城市风貌，直接冲击着我们的视线。

经过半个小时左右的车程，我们来到瓮安红色古镇——草塘。所谓草塘，就是当年的猴场。进入小镇，一股厚重的革命传统文化气息包围着我们，到处都是关于红色文化的宣传，使人来到这里就激情澎湃。

1934年12月31日，历史重大转折点猴场会议的会址就在这里。据说，这原是猴场下司村宋家湾豪绅宋泽生的住宅。在这里，10位中央高级领导人进行了通宵会议。作出《关于渡江后新的行动方针上的决定》，重申了黎平会议精神，坚持渡江北上建立新苏区，完成红军战略方向转移，为遵义会议的召开奠定了坚实的基础。

猴场会议会址　　童蕊摄

古老的镇子，新修了很多具有古文化气息的建筑，足以证明政府对红色文化保护所做的努力。我们了解到，从 2012 年起，当地政府为发展红色瓮安的长征文化，开始投资建设猴场古镇。古镇整体现在基本已经完成，进士楼、古戏台、古街道皆成特色。

"给主席安排的住屋是一家四合大院。一进门，迎面有两个大雪人，很威武。用砖砌成的天井走道，干净得像用水洗过。主席住在北屋，共三大间房子，敞敞亮亮的，当中一间是会客室，头顶上吊着一盏煤油灯，屋正面靠墙摆着一条古色古香的茶几，前面是八仙桌，两边摆着太师椅……东一间是主席的寝室，西一间是主席办公室，办公桌是用两张单桌拼起来的，上面摆着主席办公用具和一部电话机……就是在老苏区，主席也没住过这么好的房子。"

探访毛泽东行居旧址，我们发现毛主席的警卫员陈昌奉的回忆录——《跟随毛主席长征》，第五章"乌江边上的新年"这样描述当时瓮安傅氏祠堂的布置：这是老百姓精心布置的。史料也告诉我们，旧社会的广大农民，饱受土豪劣绅、军阀的压迫和剥削，挣扎在死亡线上。红军打击土豪劣绅，为贫苦农民求解放，因而得到他们的真诚拥护。

在毛泽东行居，我们看到几个房间里的墙壁上都写有当时的宣传标语。"欢迎红军来贵州""扩张红军规模""打倒卖国的国民党""红军是工农自己的军队"等话语随处可见。

有很多红军送给当地老百姓的物品被保留下来。红军进入瓮安县城时，从不乱拿百姓的一针一线，严

红军从我家乡走过
——百名大学生眼里的长征

毛泽东行居傅氏祠堂

童蕊摄

守纪律。毛泽东曾多次对身边的警卫员说，"告诉大家，不要动老百姓的东西，有什么吃什么"，他以身作则。这些做法赢得了老百姓的信任。而正是这样，革命的队伍才慢慢扩大。

这些不禁让人深思，中国共产党率领的红军，在长征过程中与敌人顽强拼搏，斗智斗勇，在战争中表现出优秀的军事能力，不仅如此，他们还能在农民心中站稳脚跟，作出正确的政治抉择。能做到这些，完全是因为自始至终他们都坚定不移地坚持党的宗旨——全心全意为人民服务。

古之道理，今亦可见。中国共产党全心全意为人民服务，家乡因此也有了长足发展，人们更坚信党的英明决策。素有"千年古邑、黔中明珠"美誉的猴场古镇，被列为全省"100 个示范小城镇""100 个重点旅游景区"。

但过去的家乡却不是这样的。爷爷奶奶那辈，家乡落后贫穷，连百姓吃喝都困难。到了我爸爸妈妈这一代，大多数百姓慢慢可以维持温饱的生活。

自从认识到红色革命、长征精神的重要性后，政府开始加大在猴场古镇的投入，帮助当地居民自主创业，全力打造"红色文化"旅游地。人们不再限于追

求物质生活，也开始懂得追
求精神上的满足。而且，家
乡汇聚了土司文化、商贾文
化、龙狮文化和红色文化，
保持着川湘滇黔的民风民俗，
从而形成了一个集展示古邑
风貌，集休闲度假、旅游观
光、产业配套服务于一体的
风景名胜区。

在毛泽东行居，墙壁上写
有"欢迎红军来贵州"及"扩
张红军规模"等宣传标语
苏俊摄

数据显示，2016 年全镇区域内生产总值将达 28
亿元，城镇居民人均可支配收入实现 2.5 万元，农民
人均纯收入达 12000 元以上。这些都是中国共产党带
来的改变。

了解红军长征，了解中国近代史，才会懂得我们
如今的幸福生活是多么来之不易。以史为鉴，方可坚
定地跟着党，砥砺前行。

四川古蔺：跟党走，朝光明走

罗春梅（武汉商学院酒店管理 2015 级本科生）

调研时间：2016 年 7 月至 8 月

调研地点：四川省泸州市古蔺县太平镇

古蔺县，隶属于四川省泸州市，有黄荆老林、红军四渡赤水纪念馆、普照山等著名旅游景点。古蔺是四渡赤水战役的主战场。中央红军从 1935 年 1 月 29 日一渡赤水进入古蔺，到 3 月 21 日四渡赤水离开县境，辗转经历了 54 天，途经 66 个乡 38 个场镇，共三次进入古蔺县境内，两次渡过赤水河，在这片红色的土地播下了革命的火种，留下了众多的革命旧址和文物。这里的山山水水，遍布了红军的足迹。

在古蔺县太平镇中国工农红军四渡赤水太平渡陈列馆中，一张张陈旧泛黄的照片和一段段感人肺腑的文字，都让我感受到了先辈们的卓绝奋斗。这些是最有力的证据和最有价值的参考，用于证明他们的故事。

红军二、四渡赤水的主渡口为古蔺县二郎滩和太平渡，为了能让红军顺利渡河，当地老百姓自愿把家里的床铺、门板拆卸下来，送到现场，用来搭建过江的浮桥。

四渡赤水渡口遗址

罗春梅摄

四渡赤水期间，毛泽东在古蔺度过紧张、战斗的 19 天，住宿了 17 个夜晚，行程 400 余公里，走遍了古蔺的山山水水，创造了军事史上的经典战例。他甚至将亲生女儿留在了古蔺，对古蔺这方水土有着难舍的亲情。

在赤水河边，我们会时常听到这样一首歌谣："郎泉之水清啊，可以濯我脚；郎泉之酒香啊，可以作我药。"这讲述的是 1935 年，红军在二郎滩开仓三天三夜，将从贵州军阀侯之担处清缴来的盐包，分发给赤水河两岸的穷苦人民的事。

当时，为感谢红军"扶困济贫"，百姓们捧出了郎酒慰问红军，红军指战员得到郎酒后，舍不得喝，大多用来给伤员擦洗伤口。

纪念红军长征，当地人不仅限于用歌谣。在参观太平四渡赤水陈列馆时，我看到许多件某某红军将士赠予某某贫苦百姓的物品，百姓们则将红军所赠物品视为珍宝。礼物虽小，却代表了红军对老百姓的一片深情，即使一个土陶罐，也代表了一段情谊。红军经古蔺太平渡住村民张世珍家，吃了她家一坛腌菜，因张世珍家中无人，走时便将银元放入罐中。张回家后，连声感叹红军纪律严明，将土陶罐保存至今。

虽然红军赠银元给老乡，然而，这样一支队伍在长征行军时却条件艰苦，忍饥挨饿是常事。家乡老人经常跟我们讲起，红军经过古蔺黄荆龙爪坝时，为了充饥在山上挖野菜。红军走后，当地老百姓把它称为"红军菜"。至今，还有人挖了野菜来吃，忆苦思甜。

红军过往之地留下一段段的佳话，这都刻在了古蔺老百姓心里。当年年仅9岁的车盛寅，亲眼目睹红军渡过赤水河，他也曾帮助过红军。他向我们讲述，红军军纪严明，不动百姓一针一线，还将自己仅有的

红军在太平镇驻地

罗春梅摄

物品赠予贫苦百姓。红军所到之处，开仓分盐、分粮、分肉，铲恶除奸，扶危济困，做了许多百姓拍手称快的事。红军因此受到了人民的爱戴。据说，当时古蔺县有800多名贫苦青年参加了红军，出现了父子同入伍、兄弟同参军的动人景象。

那时候，在每一个群众眼里，红军就是党，见到红军就找到了生活的奔头。事实证明，跟党走、跟红军走就是朝着光明走。

古蔺地处四川盆地最南端，处于四川盆地与云贵高原过渡带，乌蒙山系大娄山西段北侧。古蔺因地势崎岖不平、海拔高，交通不便，与外界长期处于隔绝状态。据当地百姓回忆，红军长征时在绵延的大山里穿行，跋山涉水；这里住户很分散，每个场镇之间距离较远，每次去赶集也要走几个小时山路，路途艰难，物资匮乏。

作为国家扶贫开发重点县，近年来古蔺变化不小。就在去年，古蔺县实现地区生产总值133.8亿元，年均增长11.9%，走出了一条贫困山区县抢位跨越之路。打造中国名县，从传统的酒业入手。古蔺投资百亿元打造具有国际水准的中国·二郎名酒名镇，打造"中国特色酱香酒谷"，规划建设古蔺城镇发展带，挖掘和弘扬四渡赤水经典战役历史文化，塑造"美丽古蔺·郎酒奢香"主题文化品牌等。

近3年来，古蔺县累计投入资金近20亿元，"路、水、电、教育、卫生、社会保障"等民生项目全面推进，群众饮水难、出行难、用电难等问题逐步缓解。古蔺县抓住资源优势，重点打造生态畜牧、特色果蔬、地道中药材，高标发展山地烤烟、绿色高粱，推动产业规模化发展。现在高速公路连接古蔺与外界，当地产业迅速得到发展，郎酒产业、特色农产品输出、红色旅游、自然风光旅游，国家精准扶贫计划在古蔺得以实现；当初那个穷乡僻壤之地已经渐渐发展为一个有着红色印记的现代化城镇。

我爷爷这一辈，目睹了红军长征，经历了抗日战争，度过最艰难的时期。他们生活在那个苦难的年代，能活下来就已经很不容易了。奶奶经常说："我们那个时候住的是一两间快要垮的茅草房，穿的衣服也打满了补丁……"每次向我说到以前的辛酸事，奶奶眼里总是含着泪花，我能从中感受到他们那个时代的生活之艰辛。

这次调研，所见所闻，感受更加深刻。红军与当地人民相亲相爱，宛如一家人。无论当时的条件有多么的艰苦，只要有广大人民群众的支持，革命事业都会取得胜利。家乡年迈的老人感叹：一个贫困边远的小镇如今也变了模样，党和政府一直把人民放在心里。

永不磨灭的长征精神，指引着我们建设更美好的家园。作为一名大学生，通过这次探访，我实地感受到家乡人民跟党走的深情。

古蔺的太平古镇就拥有丰厚的红色旅游资源。作为一个酒店管理专业的学生，旅游业的发展和我的专业息息相关。我打算以后回到家乡，为家乡旅游业的发展作出一点贡献。

湖北红安：做一颗"螺丝钉"

黎佩玲（湖北经济学院法学 2015 级本科生）

杨　颖（武汉工程大学电气 2015 级本科生）

方峰新（华中科技大学传播学 2015 级本科生）

调研时间：2016 年 7 月至 8 月

调研地点：湖北省红安县七里坪镇、七里坪红军洞、七里坪长胜街、红安天台山、红安影视城、红安烈士陵园

红安，原名黄安县，位于湖北省境东北部、大别山脉南麓。红安素来以"将军县"闻名。1934 年至 1936 年间，中国工农红军主力从长江南北各苏区向陕甘革命根据地战略转移，在党中央的指示下，红四方面军和红二十五军分别长征。虽然红安不是这两支军队长征的出发地，但红安是这两支红军的成立地和整编地。最开始的主力大部分由红安人民组成，他们为长征贡献了不可或缺的力量。而今，数十万红安人在这里，如同一颗颗永不生锈的"螺丝钉"，党把他

红四方面军指挥部旧址

杨颖摄

们拧在哪里，他们就在哪里为社会主义建设事业发挥作用。

七里坪镇位于大别山南麓、鄂豫两省交界，红安县北边。它是中国工农红军三大主力之一的红四方面军的诞生地，是全国仅次于井冈山的第二大根据地——鄂豫皖革命根据地的中心，曾被命名为"列宁市"。

徐记荣，88 岁，红二十五军长征战士后代。其父徐毛儿曾参加红二十五军长征。徐奶奶告诉我们，大约在她 6 岁的时候，她的父亲就跟着红二十五军长征去了。"周围人都告诉我红二十五军的战士都很年轻，甚至还有跟我一样大的男孩子。那个时候心里还时常嘀咕爹爹咋不带我去。"

和徐奶奶父亲一样参军的人还有很多。她说，她的老乡戴觉敏一家 14 口人，12 人为革命牺牲了，是七里坪村中典型的红军家庭。"在七里坪这个地方，家家有烈士，村村有将军。"徐奶奶说，"在共产党还没有来到红安县之前，人人吃不饱，睡得也不安生。加入共产党的队伍是一种莫大的荣誉，就有出路。"

这种参军热潮其实在徐奶奶出生之前就有。她说，在她 4 岁左右的时候，红安曾有三万五千余人参加红军。"随父亲加入红军队伍的，还有几百号红安人，那时红安的男人剩下没几个了。"

在红安，几乎人人都知晓这首歌谣："小小黄安，人人好汉；铜锣一响，四十八万；男将打仗，女将送饭。"每 3 名红军中就有 1 位红安人，每牺牲的 4 名烈士中，就有 1 位红安人。这里有六万五千人参加红军，出了董必武、李先念两位主席，秦基伟、陈锡联、韩先楚等 61 位开国将军。

长征英雄大多已经逝去，但是他们对党和国家的忠诚却得以传承。探访中，"忠诚石"的故事感动了我们。红安人王佑林是从长征路上走过来的开国功臣。新中国成立后，王佑林的儿子继承了父亲为国奋斗的精神，进入原第二炮兵某部工程部队。将门虎子，衣钵相传，王文强本可以选择轻松舒适的生活，可他却走进了与岩石为伴、与寂寞为伍的导弹工程部队，在开山凿岩、爆破掘进中历练成一名钢铁战士。1972 年 8 月，坑道掘进出现塌方，王文强为掩护战友安全撤离，不幸被一块石头砸中，献出了年仅 19

岁的生命。战友们把这块浸染了英雄鲜血的石头命名为"忠诚石"。

战争年代，对党忠诚、英勇善战、不怕牺牲的战士，就是好战士。在全面建成小康社会进入决胜阶段、改革进入攻坚期和深水区的今天，王文强这样"对党忠诚、个人干净、敢于担当"的好战士，则为实现"两个一百年"奋斗目标和中华民族伟大复兴中国梦提供了坚强组织保证。

长胜街位于七里坪鄂豫交界处，全长 700 米，街道约宽 7 米。

徐光友是原二十五军长征战士，现已步入耄耋之年。这次在长胜街的调研，我们见到了这位老红军。他告诉我们，红四军北上的一路也是宣传的一路。

宣传队原属于政治部，有油印科、粉笔队、贴标语队、粘糊队、歌唱队……还有一个由 20 名石匠组成的錾字队。他们在砂石岩上将口号镌刻成大字，这就是有名的"红军石刻"。

在红安县的九子村就有红军石刻楹联：斧子砍开新世界，镰刀割断旧乾坤，征东征西；万国九州如共产，五湖四海是红军，征南征北。这些红军石刻标语已成为珍贵的文化景观，亦成为革命传统教育的生动教材。

徐光友爷爷即兴为我们演唱了当年的宣传歌谣："腊月三十三呀，红军真勇敢啊，手提着那驳壳枪，我们就把那城墙窜啊……"爷爷告诉我们，但凡来过这里的人，都听过这歌谣，他自己也记不清给多少人唱过，唯一记得的是他的心愿：余生把这歌谣唱给更多的人听。这首民众口口相传的歌谣，如今在我们数以千计的后辈们的耳畔回旋。

昔日红军的满腔热血与坚定信念，经历史的淘洗锤炼，熠熠发光璀璨心田。我们答应徐爷爷，这不变的旋律就由我们传诵百年，红军精神由我们传承久远。从这里走出去的红二十五军、红四军战士们像红色的播种机一样，发动两万一千余群众参加长征，创建了 10 个区，46 个乡，314 个村的红色区域，建立了一个个苏维埃政权。

一支粉笔、一抹糨糊、一张油印纸、一把斧子、一首顺口溜、一支步枪加小米，就这样组成了无坚不摧的红色战士们。凭着"团结高于一切、革命信念坚定"的信仰，怀着"不革命无出路，跟着共产党才有新中国"的态度，开拓出了一段段红色之旅，建成了新中国。

而今，七里坪已被国务院列入"全国文物重点保护单位"，而长胜街又是革命文物最为集中的一条街。改革开放后，"七里坪文物管理所"成立，加强了文物保护。红安县政府投资 100 万元修复南北城门楼，恢复石条路面，扩宽下水道，充实重点文物保护单位内的复原陈列及辅助展览等。每年前来旅游观光感受红色文化达数万人之多。现今，七里坪不仅是各高校及党政组织机构红色实践调研首选之地，也是央视红色经典影视取景区。

我的爷爷奶奶经常回忆，当年泥泞弯曲小路如今铺成了笔直平坦的大路；当年寸草不生的农田坎子消失蜕变成小公园；红安人累死累活、日出而作日落而息的农耕生活变成了早出晨练、傍晚散步的娱乐生活。生活细节的变化对爷爷奶奶的触动是巨大的，时常听他们说：中国共产党让我们的日子越来越好了。父亲也说：改革开放后的生活变化越来越快了。

这种变化发生在每一个红安人身上。

天台山，属大别山南麓。王长清，在世红二十五军老战士，经历长征。1934 年，红四方面军北上留下来的部分红军驻守在红安，后来整编为红二十五军。当时，从四川来了第五军团，他也是红四方面军留下来的驻守在四川地方的红军，"我们的部队与五军团会合后开展了运动会，进行比赛。"

王长清老爷爷略有些不好意思地说："打篮球、踢足球、拔河的、比手劲的项目，他们赢得多一些。抬担架、驮行李、烧粪、长跑短跑凡跑步的项目我们都赢了。"

说起长征，王长清爷爷哽咽道："那个年代，饭算难得的咧！后来啊，吃青稞麦子、大麦粉子。再后来就是杀马吃树根树皮了。"他回忆，一次，他和队友一起吃一个皮带和手提箱皮套子，啃了三天。现在不一样了。王长清爷爷平常晚上吃完饭可以带孙子遛遛弯，与老同志下象棋打纸牌，日子过得舒心安稳。

如今，红安在经济、农业、工业、教育方面都有快速发展。在经济方面：全县地区生产总值达 130.66亿元，较"十一五"末翻一番，年均增长 14.87%；完成全口径财政收入 34.13 亿元，是"十一五"末的 3.6倍，年均增长 29.9%；累计完成固定资产投资 589.68亿元，年均增长 29.01%，是"十一五"时期的 4.2 倍。农业方面，新建千亩以上现代农业科技示范园 50 个，粮食生产实现"十一连增"，新建花生生产基地 30 万亩、红苕生产基地 10 万亩。"红安大布""永河千张"等特产进入国家地标产品行列。

作为一个农业大县，红安居民的生活水平同中等城市相比还存在着不小的差距，而伴随着红安红色旅游业的蓬勃发展，红军这面旗帜，会在红安的上空越飘越灿烂。我经历这次社会实践后，我们深知"没有共产党就没有新中国"这短短几个字的含义。爱国不再是一声口号，作为新时代的青年，我们能做的要做的就是做好一颗"螺丝钉"，努力学习科学文化知识，增强实践能力，为实现中国梦贡献自己的青春与才智。

四川红原：信仰就是"跟着走"

甲欢卓玛（中南财经政法大学税收学 2014 级本科生）

调研时间：2016 年 7 月至 8 月

调研地点：红原瓦切日干乔大沼泽、红原革命烈士陵园、红军长征纪念园区

我的家乡位于四川省阿坝藏族羌族自治州的红原县。1935 年，红军长征经过这里时还未建县。1960 年 7 月，为纪念中国工农红军长征经过草原及川西北人民在中国革命危难关头所作出的贡献，经国务院批准建立红原县。"红原"这个县名，是由周恩来总理命名，意为"红军长征走过的大草原"。

红军长征期间，在红原爬雪山、过草地、越沼泽的艰苦岁月里，红原这方热土和广大牧民群众给予了红军最有力的支持和帮助，为红军队伍保存了革命力量，为红军取得长征胜利作出了贡献。特别是支援给红军的牦牛，为红军驮运物资和伤病员过草地、越沼泽起到了十分重要的作用。毛泽东主席曾多次高度评

价藏、羌人民对红军长征的贡献，并深情地将其赞誉为中国革命史上特有的"牦牛革命"。"牦牛革命"是红原人民优军拥军爱军的光辉见证。

"爬雪山，过草地"是对红军长征艰苦状况、奋斗精神最简洁、最生动的概括。红原地处 3000 米以上的高海拔地区，草地昼夜温差大，天气变化无常，雨雪、冰雹说来就来。饥饿、疾病、高原反应同时困扰着红军队伍，这一切令他们付出了惨痛代价，减员难以计数。

位于瓦切乡的日干乔大沼泽，是红军过草地的中心地带，也是世界上目前面积最大的高寒湿地的一部分。1935 年 7 月至 1936 年 8 月，红一、二、四方面军先后通过日干乔大沼泽，进入若尔盖等地。日干乔大沼泽面积达 200 多万公顷，加之内部泥潭密布，许多红军战士陷入沼泽地，献出了宝贵生命。

日干乔长征纪念碑
甲欢卓玛摄

环境如此之恶劣，牺牲如此之巨大，是什么促使红军战士最终克服重重困难？我看过这样一个故事。78 岁的开国大将罗瑞卿之子、原总装备部后勤部副政委罗箭少将这样讲述自己与父亲罗瑞卿有关长征的一段对话。

罗箭问："您知道长征要去哪里吗?"罗瑞卿回答："不知道。"

罗箭好奇追问："那您是怎么走下来的?"罗瑞卿又答："跟着走。"

罗箭曾说："当时参加长征的都是风华正茂的年轻人,你们想想看,就连我父亲这样的高级将领都不知道长征要去向何方,普通的小战士们更不可能知道,但这群青年人就是抱着一个'跟党走'的信念,一直坚持到最后取得长征胜利,这充分显示了信仰的强大力量。"

我从红原县城坐车到达瓦切红军长征纪念遗址大概花了半个小时。在坐车穿过茫茫草地时,老天似乎是想让我实际去感受草原天气的变化无常。刚离开县城时还是艳阳高照,在瓦切下车后突然下起了小雨。撑着伞,走在瓦切日干乔沼泽地上的栈道,我不经意回想起当年红军在这里日晒雨淋、又冷又饿、艰难跋涉的情景,心中对红军英勇无畏的敬佩之情油然而生。

根据后来的统计,在日干乔大沼泽牺牲的红军战士多达数千人,是整个长征途中红军减员最为严重的地区之一。在红原的革命烈士陵园里长眠着长征时期在这片土地上为人民幸福生活而牺牲的烈士们,记录着他们艰苦卓绝的长征史诗和气壮山河的英雄故事。如今,在我们草原上广为流传着"金色鱼钩"和"七根火柴"的故事。我是听着这些故事长大的，给我印象最深刻的就是"七根火柴"了。

七根火柴在日常生活中是微不足道的，但在红军长征过草地那特殊艰苦的环境里，却有着不寻常的意义。七根火柴讲述了无名战士在红军最需要火的时候，甘愿牺牲自己，把保存下来的七根火柴，委托战友交给部队的故事。当时在草原阴沉、荒凉、寂静的特定环境中，普普通通的火柴具有生的意义。无名战士保存火柴、献出火柴，把生的希望留给战友，把死的威胁留给自己。

家乡人口口相传的故事感动着一辈又一辈人：年老的长辈、成年的我们甚至年幼的孩子。这些故事拥有的巨大的感染力永远留在红原大草原上，鼓舞和鞭策着我们冲破重重困难，珍惜现在的幸福生活。

调研中，我们听到了这样一段故事。在红军经过日干乔时，一位只有 12 岁的红军小哨兵因为生病掉队了，当地的藏族群众收留了他。他就是红原县瓦切乡的老红军罗尔吾，汉名叫侯德明。罗尔吾，在藏语中是"宝贝"的意思，这个名字是当年瓦切乡藏族同胞在收留侯德明时取的。

因为侯德明是失散红军，当地藏族同胞在称呼他时，还特地在其名字前加一个"甲"字。"甲罗尔吾"即"汉族的宝贝"。当年红军到达瓦切时，在附近的草原上曾与前来"围剿"红军的马步芳部骑兵有一场激战。激战过后，侯德明与母亲刘大梅跟大部队失散了。刘大梅带着侯德明步履蹒跚地在广袤的草原上寻找大部队，苦寻多日却未能找到。小侯德明躺在母亲怀里奄奄一息，连哭的力气都没有了。就在刘大梅绝望之时，一座黑色帐篷进入她的视野，这是当地牧民阿谷的游牧帐篷。等吃饱喝足的小侯德明沉沉睡去后，刘大梅含泪将他托付给阿谷夫妇，只身走进茫茫草地寻找大部队去了。这一去便杳无音讯。

在阿谷夫妇悉心呵护、照料下，侯德明一天天长大成人。他穿藏装、说藏话，成了一个皮肤黝黑、骑马放牧的地道牧民。他成年后与阿谷的侄女曲美拉姆结了婚，生下两儿一女，完全融入当地人的生活。

我们的走访仍然迟到了 5 年。2011 年 3 月 2 日，82 岁的老红军罗尔吾因病医治无效，与世长辞。他生前要求家人按照藏族的习俗安葬他，把他留在这片草原上，和草原永远在一起。老人七十载的人生书写了一段藏汉一家亲、共筑民族情的感人故事。

在艰苦的岁月里，红原广大牧民群众不畏反动势力的威逼，救助、收留了众多红军伤病战士和掉队、失散人员，为红军过草地、越沼泽引路当向导，用维持自己家生计的青稞和牦牛支援红军。一组数字真实地说明了这些奉献：红军在阿坝期间，革命根据地每天出动强劳力 5 万人次以上；支援红军粮食总量在 2500 万斤以上，各类牲畜（以牦牛为主）20 多万头；先后有 5000 余藏、羌青年参加了主力红军，另有 10000 多人参加了游击队。

太阳照耀在了日干乔的草甸上，山包上的红军烈士纪念碑在阳光下熠熠生辉，上面是毛主席的题字："红军精神永放光芒！"

红军长征时期的川西北地区，农牧业生产水平低下，物产并不富足，各族人民生活相当困苦。在红军长征过境、留驻的 10 多个月里，先后创建的松理茂和大小金川革命根据地，其总辖面积不足 6 万平方公里，人口仅有 20 多万，人均占有粮 500 斤左右、人均牧畜不到两头，却承担着支援 10 万主力红军给养补充的任务。

今天，随着经济的发展、道路的修建和居民定居点的建成，红原发生了翻天覆地的变化。到这里旅游的客人络绎不绝。牧民定居点就在离日干乔沼泽不远的地方，错落有致地排列在草原上。

天然草场占红原总面积的 90% 以上，这孕育了红原畜牧业发展。这里以全国著名的"麦洼牦牛"为畜群主体，拥有牦牛 36 万多头，年产牦牛肉 7000 余吨，鲜奶 2.4 万吨。牧民们从游牧到定居的生活模式，得益于政府为群众切实解决各种生活难题。牧民们富裕起来，条件得到改善。如今的红原，一股现代幸福生活气息扑面而来，"建新房、住小楼、走水泥路，在想象中都是城里人的生活。哪想，如今放牛人也过上了这样的生活。更值得一提的是，看病可以报销，孩子们上学不花钱……好政策是越来越多了。"家乡的一位牧民舅舅这样和我说道。

另一方面，红军过草地纪念馆、哈拉玛自驾车营地、日干乔、月亮湾、措琼海、花海等景区的好景色吸引了国内外不少游客。自驾游、车友会组团自驾游等，促发了红原的旅游业。数据显示，仅2013年，红原已经接待游客94.3万人次，实现旅游收入80520万元，同比分别增长10.7%和6.13%。

我的爷爷常常跟我回忆他年轻时候红原的面貌："参加工作时红原交通闭塞，去趟成都要好几天。住房也特别简陋。生活更为艰苦，没有自来水，没有电。当时我们经常要到乡下去做工作，没有汽车，干部们都是骑马，吃的都是糌粑。"

草地上艰苦的生活已成为爷爷的回忆。黑帐篷早已不是牧民群众的生活必用品，逐水草而居的游牧生活正在上演巨大的变迁。

爬雪山、过草地，红原见证了红军长征那彪炳史册的丰功伟绩，更留下了不怕艰难困苦勇往直前的长征精神。这个暑假，我利用假期时间探访家乡的博物馆、档案馆、纪念碑、红军牺牲地、旧址遗物等，认真了解了红军经过红原这一段历史。我在瓦切红军长征纪念遗址寻访调研了红军长征途中的历史事件、历史人物及现在这些地方的新农村建设状况；在红原的革命烈士陵园祭扫革命英烈墓，缅怀他们的丰功伟绩；在红军长征纪念碑碑园参观了大型英雄群雕、红军长征博物馆。这一过程中，我深受启发。追寻长征足迹，重忆红军情，牢记党教诲，是一路上最大的体会。

　　我深深体会到了中国共产党革命奋斗岁月的点点滴滴。我不禁为革命先辈不屈不挠、创造性革命及其建设取得的辉煌成就发出感叹。走出博物馆，远望山顶闪耀着的纪念碑，它如同先烈留在草原的精神，屹立于这片土地之上。我又想起罗瑞卿大将的那句"跟着走"。

第四辑
每个青年都是颗"种子"

云南丽江：纳西小伙口传峥嵘岁月

江　雪（武汉警官职业学院高级安全法律文秘2014
级学生）

和仕勋（武汉信息传播职业技术学院旅游管理2015
级学生）

调研时间：2016年7月至8月

调研地点：丽江五四广场、黑龙潭公园、丽江石
鼓红军长征纪念馆

丽江市位于云南省西北部云贵高原与青藏高原的
连接处。在大家的印象中，都认为丽江是一座风景优
美的旅游城市，却不知道丽江其实也是一座拥有红色
记忆的城市。

1936年，红二、六军团兵分两路在丽江石鼓镇
抢渡金沙江。短短几天内，过境此地的红军就与丽江
人民建立了深厚的鱼水之情，并在各族人民的心中播
下了革命的火种。

而这段红军长征过丽江的故事深深地植入丽江人

当年从石鼓渡口渡过金沙
江的红军长征战士雕像
江雪摄

民的心中，并为这座因旅游而著称的城市注入一抹难忘而永恒的红色回忆。

今年暑期，8月3日早上9时，我和同伴从丽江市向石鼓镇出发。经过石鼓镇时，发现古朴的民居建筑并没有因为时代的发展而消失，而是通过与新时代的结合，使旧居焕发新韵味。在石鼓镇周围遍布着许许多多的红色遗迹。

谈起这些红色遗迹，石鼓镇的居民们都不约而同地提起红军长征过境丽江石鼓镇的故事来。

据史料记载，1936年4月25日，由贺龙、关向

应、任弼时、萧克、王震等率领的红二、六军团占领
丽江后，兵分两路奔赴石鼓镇抢渡金沙江。在石鼓镇
以上 60 多公里江岸的 5 个主要渡口上，用 28 个船
工、7 只木船、几十只木筏，经过四天三夜，将红二、
六军团 1.8 万人全部渡完，将追敌远远甩在了金沙江
对岸。

在丽江的四天三夜行程 160 多公里，途经 9 个乡
镇，110 个大小村庄。红军所到之处，开牢释囚、开
仓济民，宣传共产党的政策，严明军纪、团结群众，
受到了丽江人民的热烈欢迎和爱戴。在红军进驻丽江
古城期间，丽江人民积极帮助红军准备渡江物资，并
运送到石鼓。

当年，红二军团在贺龙、任弼时的率领下从东元
桥进入丽江。如今 80 年时光过去，旁边的漾弓江江
水潺潺向南流。东元桥桥头的纪念碑上依然刻有"蛇
山白塔风尘古，漾江红桥岁月深"、横批"长征之路"
的对联。

红军在丽江待的时间虽然不长，但却给丽江人民
留下了宝贵的红色记忆。为铭记红军长征途经丽江的
这段光荣历史，1977 年，丽江市在石鼓镇建立了"中
国工农红军第二方面军长征渡江纪念碑"。

我们看到纪念碑的正面阴刻着"中国工农红军第
二方面军长征渡口纪念碑"字样。背面刻"英勇奋斗
的红军万岁"。基座正面摹刻毛泽东《长征》诗手迹。
背面碑文 327 字，记述贺龙等率领红军长征经过丽

江，胜利抢渡金沙江的光辉历史。

1999年，丽江市又增建了红军渡江青铜雕像"金沙水暖"。2008年，丽江又建成石鼓红军长征过丽江纪念馆，通过更加翔实的史料、图片和实物，集中、真实、生动地回顾了红军穿越横断山、飞渡金沙江的历史片段。

在红军长征过丽江纪念馆里，有一名讲解员叫张学文。是一位纳西族汉子，出生在崇山峻岭的江湾畔，听着红军抢渡金沙江的故事长大。

他曾是一名高中返乡青年，怀着对长征这段红色历史的热爱，在江边小镇担任了8年义务红色讲解员，为南来北往前来瞻仰革命先烈的人讲解红军长征过丽江抢渡金沙江的历史。如今，只要有参观者提出要求，他都十分乐意地为大家讲解。

12年来，张学文坚持用自学的普通话讲述着红军长征抢渡金沙江的"红色历史"。2012年，张学文正式调到红军长征过丽江纪念馆。担任讲解员以来，张学文提供讲解服务近126万人次。

"讲给大家听，是希望后代能够知道共产党是费尽千辛万苦才把整个国家建设起来的，是通过流血牺牲、斗争得来的。"张学文说。这么多年来，他和红军长征过丽江的史实已经融为一体，他要一直讲下去。

得益于这次走访，我们有机会重新认识与了解了自己的家乡，了解到家乡人民对红军的纪念与感情，还了解到红军对这座城市的重要意义与深远影响。

2009 年 5 月，红军长征过丽江纪念馆被列为全国爱国主义教育示范基地。目前，纪念馆正以全新面貌接待着国内外游客以及前来接受爱国主义教育的人们。

从报名参加暑期社会实践活动时，我们就在思考长征对于我们这一代年轻人意味着什么，一开始我跑去问老一辈人过往经历的种种，以及他们记忆中的红军长征，以为会像书中写得那样流于纸面，见多无感。

红军渡江青铜雕像"金沙水暖"　　　　江雪摄

可是他们越讲到后面，我就越被红军那种自强不息、不怕牺牲的伟大精神以及红军领导人的高超军事才能所折服与感动。只有了解红军长征，了解红军长征的精神，才能懂得我们如今幸福生活之不易，才会更加珍惜和爱护现在的幸福生活。

就像一位丽江网友所写，虽然，从那之后红军就再也没有来过，但红军的革命精神却永远激励着丽江人民。丽江古城的石板路上，似乎还回响着红军在渡江前夜留下的马蹄声与脚步声，如今古城里的人们安居乐业，世界各地的游人纷至沓来，一片欣欣向荣的景象。

在丽江市石鼓镇，当地结合旅游标准化建设，大力发展旅游产业，接待游客 31.4 万人次，实现了旅游综合收入 335.9 万元。石鼓镇作为丽江市的红色旅游重镇，不仅一边将红色记忆传承下来，一边还积极通过经济的发展将长征精神发扬光大。

我们相信，红军长征的精神将永远激励着后人奋勇前行，而我们的未来也将更美好。

福建宁化：10 人中就有 1 人当红军

巫锡星（武汉理工大学工程力学 2015 级本科生）

谢　琳（武汉理工大学通信工程 2015 级本科生）

调研时间：2016 年 7 月至 8 月

调研地点：福建三明市宁化县革命纪念馆、宁化
革命纪念园、红军医院旧址（张氏宗祠和谢氏宗祠）、
中央红军村

　　三明市宁化县位于福建省西部，与江西接壤，是
中央红军的故乡。长征前夕，作为红军长征的起点
之一，驻宁化的中央红军主力约 1.4 万人，占中央红
军主力总数的 16%。1934 年，宁化中央红军主力踏
上了前途艰险的万里征途，6600 余名宁化籍红军战
士参加长征。在关系党和红军生死存亡的战略性决
战——湘江战役中，宁化籍红军绝大部分壮烈牺牲，
血染湘江。宁化军民团结一心，铸就了长征胜利的不
朽丰碑。

宁化不仅是红军走过的地方，也是长征这段历史的开端，更见证了红军长征开始前的一段历史风云。

在宁化县革命纪念馆内，这段历史以文字和文物的方式被永远铭记。

1934年，第五次反"围剿"失败后，中央苏区34个县仅剩闽西的宁化、长汀，赣南的瑞金、会昌、于都、兴国、宁都、石城8个县城及其之间的狭小地区。而宁化、长汀是离瑞金最近的地区，也是党中央所在地的最后一道重要军事屏障，自然成为长征前夕布防红军主力最多的地区。

中央红军长征前，宁化这个小县，在短短几个月时间内，为苏区政府和红军突击筹集了15万元纸币、10万大洋、1万多双布鞋和草鞋、14万担军粮、1000多套军衣，还出动1370个支前民工和500多人的运粮队、担架队。宁化对党和红军物资和兵源的巨大贡献，使宁化有了"苏区乌克兰"的美誉。

1934年10月6日，一天之内3封密电传来，要求宁化境内的红军将一切布防任务向地方红军、赤卫队交接，两天内务必完成。10月6日至8日，驻宁化的中央红军主力奉命在宁化淮土凤凰山集结，广大红军指战员在淮土凤山街两旁民房内宿营，几乎家家户户都住有红军。10月8日凌晨，宁化境内的红军向江西于都集结，万里长征拉开了序幕。

提起宁化，一段离宁化700余公里的地方——湘江，是绕不过的。

在湘江战役中，红三十四师一直担任后卫任务，走在庞大队伍的最后，处境最险、打得最苦。而全师团、营、连干部，绝大多数是闽西子弟兵，有一半是宁化人。

为掩护党中央、中革军委领导机关和大部队渡过湘江，红三十四师以一师兵力阻击数倍于己的敌人无数次疯狂进攻，坚守到弹尽粮绝。全师将士大多壮烈牺牲，留下来的不足 500 人。

几千名闽西子弟兵，其中有一半是宁化籍红军。他们的鲜血染红了湘江。2005 年 10 月，宁化县举行的纪念红军长征胜利 70 周年大会上，中央党史研究室原副主任石仲泉说："没有宁化子弟兵在湘江战役中的巨大牺牲，长征的历史有可能要重新书写。"

据统计，从 1929 年到 1934 年，宁化县先后有 1.3 万多人参加红军，平均不到 3 户就有 1 户是军属，10 个人中就有 1 人当红军。共有 6600 余名宁化籍红军战士牺牲在长征途中。红军到达陕北后，幸存的宁化籍红军仅 58 名。

在石壁镇石碧村，有一处旧址——红军医院旧址张氏宗祠。1934 年，这个当时只有 130 多户人家的村子，有 100 多个年轻人

宁化县革命烈士纪念碑

巫锡星摄

141

跟随红军长征。他们没有留给亲人任何东西，哪怕是一张照片。新中国成立后，亲人们收到的是 92 本烈士证。

在张河银老人家中，我们听到了他的父亲和叔父的故事。他的父亲和叔父作为当年红三军团的士兵牺牲在湘江战役中。家中因此没有劳力，裹了小脚的祖母带着孤儿寡母艰难度日。然而，即使是经历了亲人的离去，村中老人们仍旧说，当年只要见到红军，立马就会跟着红军走；如果听说国民党军队要来，则会连夜逃往山中。共产党与百姓之间深厚的感情，一直延续到了现在。他们入伍征兵从来不需要动员，大家都有着作为红军烈士家属的荣誉感。

今年夏天，宁化记录在册的最后一名参加过长征的老红军谢和根去世，享年 100 岁。谢和根给两个孙子起的名字分别为谢红军和谢长征。老红军的家人告诉我们，取这样的名字也是为了后人能牢牢记住长征这段历史。"虽然亲历长征的宁化籍红军离开了人世，但他们不畏艰苦、顽强斗争的长征精神将继续陪伴着、影响着一代又一代人。"

红色种子在宁化生根发芽。通过政府宣传、学校教育以及当地百姓口口相传的方式，当地人无论年龄无论身份，都知道自己生活的这片红土地曾经涌现了不计其数的革命先驱。每当问起，他们的言语、神情中都流露出作为红军村村民的自豪感。在红军村，我们依旧能看到一些取名与红军有关的店铺，比如"老红军食杂店"。这也是红军长征历史在当地影响力的一个缩影。

毛泽东曾作词《如梦令·元旦》形容宁化一带的地形地貌：

宁化、清流、归化，
路隘林深苔滑。
今日向何方，
直指武夷山下。
山下山下，
风展红旗如画。

这首词如今被镌刻在宁化县革命纪念馆外的毛主席雕像基座上。

现在的宁化不仅是福建省最大的烤烟生产基地，

红军医院旧址张氏宗祠

巫锡星摄

更是中国四大钨矿点之一。同时，建设交通网络，打破了地形阻隔，307、204、205省道交叉穿过县境，永宁高速公路的建设更是极大地改变了革命老区的交通条件和投资环境，加快了山区经济发展。

在调研过程中，我们了解到，为发展红色旅游，宁化县政府投资2000余万元，建设了面积约100亩的宁化红军长征出发地纪念园景区，与周边纵横交错的红色旅游景区连成一体。该景区往南可融入长汀、古田、连城，往北可融入建宁、泰宁、武夷山，往西融入瑞金、于都、兴国、井冈山等红色精品旅游线路，成为三明市乃至福建省分量最重的红色旅游区。同时，政府还建设了宁化县红军长征出发地纪念广场，面积8000平方米。广场上有"人"字形纪念碑傲然挺立，直刺苍穹，被列入全国100个红色旅游经典景区之一。

当年从宁化等地保存下来的星星之火，以燎原之势蔓延了中国。多年以来，党的火种存留在每一个苏区群众心中，存留在每一个爱国爱党的群众心中。

《红色宁化1934》《绝战》等多部讲述宁化籍红军故事的影视剧在宁化开机，成为人们津津乐道的话题。这些影视作品也在当地影院、电视台播放，当地老一辈尤其喜爱这类题材的作品。同时，当地政府还在学校积极进行宣传，使这些作品在青少年中也有着广泛的知名度和影响力。《绝战》上映期间，我和朋友们观看了这部电影，我们在影院看到了许多热泪盈眶的观众。我和朋友们都很喜欢这部电影。通过电影，我们了解了宁化籍红军战士在湘江战役中的牺牲奉献，更懂得了感恩和珍惜。这次调研给我的启发也是如此。

我是一名工程力学专业学生。在社会建设中，力学起着基础学科的作用。我会承担起为社会建设提供基础学科知识支撑的作用，以做好基础、奉献社会的态度，为祖国的建设出力。同时，我也在了解历史的过程中，坚定了对共产党领导中华民族走向伟大复兴的信念，更加坚定不移地跟着党走。我热爱这片土地，要向革命先烈们学习，传承发扬红军长征精神，为祖国、为人民奉献自己的青春和力量。

贵州余庆：永不磨灭的红色记忆

刘灵政（中南财经政法大学税收学 2014 级本科生）

调研时间：2016 年 7 月至 8 月

调研地点：余庆县龙家镇万丈坑烈士墓、余庆县大乌江镇红渡村

余庆，一个大山深处少为人知的小县城，却是红军二万五千里长征途中不可缺少的一部分。1934 年 10 月至 1936 年 1 月，中国工农红军三次转战遵义市余庆县，足迹遍及全县。红军激战龙溪、血染万丈坑、强渡乌江等史实记载在册，红色故事代代相传。红军在这片土地上播撒革命火种，创建黔北新苏区，帮助当地百姓干活，当地群众协助红军筹集粮食、物资，躲避敌人，军民鱼水情深，谱写了一段红色传奇，留下不朽的红色记忆。

7 月 25 日，我们来到余庆县龙家镇，在村民的带领下前往万丈坑红军烈士墓。看着这掩藏于山林中历经风雨的墓碑，村民讲述的红军故事在耳边萦绕，

时间仿佛回放至 1934 年 10 月，作为长征先头部队的红六军团西征至石阡和余庆境内，和敌军交火，战斗惨烈，一百多名红军被俘。

同年 12 月，中央红军一、九两个军团自东而来，威逼余庆。慌了手脚的余庆县县长王天生密令龙溪、敖溪、松烟 3 个区的区长将红军俘虏择地处决。12 月 25 日，敖溪区区长彭勋之将 60 名红军关押在龙家镇香庙。关押中，庙内一和尚将一名年幼的红军藏在木头棺材内，并谎称其逃走，侥幸使其活下来。这名小红军一直在当地生活，直至 2008 年去世。行刑当日，地方反动武装谎称有一户人家正煮了一大锅粥等着红军战士，将 59 名红军战士用棕绳拴成一串，押到万丈坑处，用马刀一阵乱砍，刀刃砍缺口了，刽子手累了便直接把余下的红军推下深不见底的山谷。59 名红军战士无一投降，全部壮烈牺牲。

80 多年来，百姓并未将他们遗忘，上至古稀老人，下至总角小儿，无一人不知万丈坑的故事，烈士们永远留在了这片热土，也永远留在了当地人心中。

1966 年，当地政府组织人手到坑底捡出遗骸，合葬于万丈坑旁，立碑纪念。2013 年，县政府在这里建立了全县首个红色教育实践基地，周边各学校每年都会组织师生前来扫墓，全县党员干部也时常前来瞻仰。2014 年 3 月，当地村民王金模在得知政府要建红军烈士纪念馆的消息后，随即和家人商量将自己的房屋贡献出一间，当政府表示给他一笔钱时，他也婉言谢绝。他说："我家房子二层楼，家里人够住，红军长征精神难能可贵，这种精神要传承下去。我们真希望有更多的人来这里看看，让这些为了中国革命而壮烈牺牲的英雄不再孤单。"这个坐落在大山深处的红色陈列馆或许过于简陋，却是王金模老人这样的当地人心中的红色圣地。

乌江是贵州省第一大河，也是通往遵义的主要渡口，由于地势高落差大，切割强，形成了以山高、谷深、峡长、滩多、流急而闻名的天然屏障。古曰"遍行天下路，难过乌江渡"，素有"乌江天险"之称。

余庆县大乌江镇红渡村坐落在乌江边上，原名岩门，因 1935 年 1 月红军在村中廻龙渡口率先突破乌江、北上遵义而改名红渡。7 月 26 日，我们向红渡村出发，驱车在宽阔的柏油公路上，看着路旁林立的别具特色的农家小楼，不禁感叹这些年来家乡的变化，小康之路终在大山深处得以延伸。经过 40 分钟车程，我们来到红渡村。这是一个被红色光环笼罩的

红渡村村口迎接游客的"十送红军"壁画　刘灵政摄

地方，路的两旁竖立着红色的党旗，村民的房屋墙壁上绘满红军宣传画，记载着激情燃烧的烽火岁月。

沿着木栈道走到红军一师强渡乌江指挥作战室遗址——一个隐藏在竹林中的小木屋，恰逢几个村民在这里打扫，通过与他们交谈得知，原本政府特地安排人到这儿打扫维护的，但被村民们拒绝了。现在，都是每隔几天大家轮流进行打扫。当问及为什么要坚持自己打扫。他们说："院子不大，花不了多少时间。这里展示的很多红军旧物都是我们爷爷辈一直珍藏传下来的，说要建馆保护我们才拿出来。"村民平实的言语透着与红军浓浓的情谊。在他们的带领解说下，我们得以真正走进这段历史。

早在 1934 年 12 月 29 日，中央红军第一、九军团先头部队为响应"打到遵义去，创建新的苏区"的号召率先到达乌江岸边，向当地群众宣传党和红军政策，当地老船工安清和自发组织队伍，配合红军渡江作战。12 月 31 日，红军主力部队驻扎江边，由于敌军为防止红军渡江已将沿岸各渡口的渡船全部沉入江底，并在对岸挖战壕、筑碉堡做好了防守准备，安清和召集船工、水手及群众，伐木砍竹，献出家中门板、箩筐、绳索等，帮助红军搭浮桥。1935 年 1 月 1 日，红一师部队在各渡口实施强渡，与对岸的敌军正面交锋，情况危急，安清和带着 7 名战士，冒着严寒泅渡到北岸，将沉没江底的木船拖起划过岸，往返摆渡红军。2 日，红一军团一师在廻龙场强渡乌江，率先突破国民党部队乌江防线，打开了红军北上遵义的通道。

村庄路旁飘扬的红旗，林立的太阳能路灯，通向老乡家门口的柏油路……岁月不仅将这抹红色留在了这里，更是成就了如今的红渡村。通过和村民交谈，我们了解到，政府精准扶贫，大力发展红色旅游，让游客沿着红军走过的足迹真实体验红军的英雄壮举。该村还新建了网络、电力、中央广播、景观照明、污水处理、生态公厕等系统，家家户户门前都通了沥青路，安装了免费的无线网络，沿路都有太阳能路灯和创意音箱。谈到村子里的新变化，村民们脸上掩不住笑意。

小时候，外公常提起余庆解放前的生活：大家靠天吃饭，不少人家都是糠菜半年粮，吃了上顿没下顿；一年四季有棉单两季衣服的就算是上等户了，大多数人穿着一套衣服，无法换洗，补丁摞补丁；乡亲们住在"逢大雨，无干处"的小草棚、木棚里，偶有一两户人家住在黄泥房，勉强遮风挡雨。外公说他每天都必须帮地主家干活，才能吃个五六分饱，他从未走出这山村，更不知道重重大山外是什么样子。

新中国成立后，生活慢慢改善，余庆逐渐摘掉全国贫困县的帽子。如今，余庆成为全国"四在农家"发源地、全国文明县城。随意走进一处村寨，一排排青瓦白墙黔北民居如别墅一般，屋内家用电器一应俱全，一条条水泥路像银白色的飘带，从一个庭院延伸到另一个庭院。篮球场、门球场、图书室、农民活动中心、中心广场……以往这些城市才有的活动场所，如今在余庆农村随处可见。西部大开发使这座小县城焕发出生机与活力，余凯高速、道安高速、江安高速开创了余庆交通新格局；构皮滩水电站源源不断地为华南地区输送电能，成为贵州"西电东送"的标志性工程；农村电商发展火热，乡村旅游助力经济发展。

余庆犹如贵州高原上的一颗新星，在党与政府的扶持下，正冉冉升起！

在红军长征胜利 80 周年之际，我们追寻红色记忆，重走长征路，让我们离这段历史更近了一步。红军长征二万五千里，探寻走访的这两天，我们所走过的路不及他们的千分之一，我们所走过的路比他们的更宽敞平坦，却已感到舟车劳顿。曾经总觉得老人们常挂在嘴边的艰苦日子免不了一些修饰，所常说的长征精神太生硬刻板。通过这次实践，才真正相信那就是一代人的真实经历，长征精神是他们的精神支柱。而我也坚信，长征精神将永远伴随中华儿女，激励我们前进。青年一代是祖国的未来、民族的希望，更是弘扬长征精神的主力军，要坚定不移跟党走，为祖国、为人民、为民族贡献力量。

正如习总书记所说："95 年前中国人民对争取民族独立和人民解放、实现国家富强和人民幸福的渴望是多么强烈，但前途又是多么渺茫。今天，我们比历史上任何时期都更接近中华民族伟大复兴的目标。"
我们要珍惜这样的机遇,不忘初心,不骄不躁,永远
保持艰苦奋斗的优良作风,与时俱进,实现中国梦。

宁夏固原：重走方知今日来之不易

郭广瑜（湖北工业大学国际经济与贸易 2014 级本科生）

杨　瑞 （湖北工业大学生物工程 2014 级本科生）

调研时间：2016 年 7 月至 8 月

调研地点：隆德六盘山、彭阳长城塬

　　1935 年 10 月 5 日至 9 日，中央红军（陕甘支队）长征经过今宁夏南部山区，翻越长征途中最后一座高山——六盘山，于 19 日到达陕北吴起镇，红一方面军长征结束。红一方面军经过宁夏，历时五天四夜，在频仍的战斗、行军间隙，宣传了中国共产党的宗旨和抗日救国主张；认真贯彻执行了党的民族宗教政策，与宁夏回汉族人民建立了血肉联系，在宁夏播下了革命火种。特别是毛泽东主席在六盘山巅吟诵创作了气吞山河、饮誉中外的壮丽词章——《清平乐·六盘山》，给宁夏人民留下了宝贵的精神遗产。这是中共党史、中国工农红军战史上极其光辉的一页。

　　六盘山顶，纪念广场迎壁墙红旗飘扬，前方铜铸

红军从我家乡走过
——百名大学生眼里的长征

实践队员在六盘山顶纪念
广场迎壁墙三面红旗前合
影留念　　郭广瑜摄

红军群雕巍然屹立，浓浓的红色氛围萦绕周围，跟随络绎不绝的游客，我们进入了"六盘山红军长征纪念馆"。1934年10月，中共第五次反"围剿"斗争失利，红军主力离开中央苏区，开始举世闻名的二万五千里长征。而红军最早进入宁夏地区是在1935年8月15日，此时红二十五军进入六盘山下的回民居住区兴隆镇（兴隆镇位于西吉县城东南部）并在此休整三天。从这时起，红军与宁夏人民的友谊彩带长长拉开，一头系着红军，一头绾着宁夏人民。

红二十五军在宁夏地区，一方面行军打仗，一方面积极做群众工作，专门制定关于回族的"三大禁令，四项注意"，即：禁止红军部队驻扎清真寺；禁止毁坏

154

回族的经典文学；禁止在回民地区吃荤。注意尊重回族人民的风俗习惯；注意使用回民水桶在井里打水；注意回避青年妇女；注意实行公买公卖。完全为少数民族着想的民族政策，给了百姓信任的依据，也赢得了百姓的欢迎与支持。

时任红二十五军政委的吴焕先还亲自拜访清真寺，向阿訇及当地知名人士积极宣传红军的民族宗教政策和纪律主张，赠与兴隆镇清真寺的锦缎横匾上书写"回汉兄弟亲如一家"八个大字。在纪念馆里，我们看到了一幅还原当年送匾的场景图。受匾人与红军彼此真切地微笑，友好地握手，观看画面，我们仍然能感受到那一份回汉友谊。

当时回族群众深受感动，杀牛宰羊以慰劳红军。1935 年 8 月 17 日，红二十五军离开兴隆镇沿西兰公路东进，当地回族群众在街头设案相送，也有回族青年加入红军队伍。

1935 年 9 月 29 日，中央红军陕甘支队由甘肃通渭县榜罗镇地区出发北进，10 月 5 日进入今宁夏南部山区。各纵队分两路向今宁夏固原市西吉县的单家集、公易镇、兴隆镇一带前进。

西吉与海原、固原三地相连，靠近六盘山区，是回族聚居地。在进入回民区以前，红军获悉，当地的国民党官吏极力散布谣言，妖魔化红军。10 月 5 日傍晚，毛泽东等中央领导宿营于兴隆镇以东约 5 里的一个较大的村庄——单家集。部队进村后，出现了意想不到的情况：回族群众不但不害怕，不躲避，反而像欢迎熟客一样热情招呼红军。他们听说红军来了，都高兴地走出家门，在街道上摆上桌子，放满油香、水果等食品，热烈地欢迎红军。

原来是一个多月前，红二十五军的"三大禁令，四项注意"粉碎了敌人的造谣污蔑，密切了红军和回民的关系，扩大了红军在回族人民中的政治影响。

进村伊始，毛泽东和其他领导人就去单家集陕义堂清真大寺拜访阿訇。阿訇姓马，人称"高山马阿訇"。当马阿訇得知毛泽东一行是红军的领导人时，心情非常激动，连声问好，表示欢迎和敬意。毛泽东与马阿訇秉烛夜谈，给他讲了共产党和红军尊重回族人民的风俗习惯，保护清真寺、保护回文经典、主张民族平等的政策主张。阿訇听了非常高兴，马上招呼回民给红军腾房子，粮食也照市价卖给红军，并盛情邀请毛泽东等人在清真寺吃饭。毛泽东道谢说："不打搅了！"便同其他领导一起走出了清真寺。

在六盘山红军长征纪念馆展馆，毛泽东与回族阿訇"秉烛夜谈"的场景被真实还原，吸引了不少游客。

随着红军的脚步，实践队员登上六盘山顶，放眼望去，绿意盎然，驻观脚下，现代化的石阶蜿蜒直下，完全看不出当年曲折险狭的山路。1935年10月7日，毛主席就是在这里构思了那首激昂澎湃的词章《清平乐·六盘山》。我们忍不住激动的心情，诵读起来："天高云淡，望断南飞雁。不到长城非好汉，屈指行程二万。六盘山上高峰，红旗漫卷西风。今日长缨在手，何时缚住苍龙?"

听纪念馆的讲解员说，当年陕甘支队向宁夏进军后，敌军一直在后面尾追。1935年10月6日，敌军逼近公易镇，敌机也在空中侦察轰炸，情况危急。6日拂晓，陕甘支队从驻地出发，向六盘山开进。就在毛泽东等离开单家集的当天上午，敌机轰炸了这个村庄，毛泽东住过的房子和清真寺险遭毁坏，清真寺北厢房至今还留着20多处弹痕。

长城塬毛泽东宿营地的一窑洞照片　　杨瑞摄

10月7日晨，红军登上山巅。上午11时左右，陕甘支队第一纵队来到六盘山下的一个小村庄——青石嘴（属固原县）附近。

前卫部队行进到一个小山洼时，抓到了敌人的一个便衣侦探。经审问，得知敌骑兵一部以及20多辆马车刚刚进入青石嘴休息。随后，毛泽东也来到这个山头，观察了敌情，当即捕捉战机，对一纵队领导说："立即把各大队的领导干部召集来，消灭这股敌人。"通信员策马通知各大队领导。毛泽东亲自部署战斗：由四大队担任正面攻击，一大队、五大队从两侧迂回兜击。这一仗共歼灭敌骑兵 100 多人，缴获战马 100 多匹，还有 10 多辆马车的武器弹药和军用物资。

实践队员小时候听爷爷讲过，这场战斗叫"青石嘴战斗"。爷爷说，这场战斗的胜利体现了毛泽东的战略谋划，是长征路上的一场漂亮仗。

如今，在宁夏少数民族聚居区，我们看到回汉两族人民相处得如此融洽、和谐，究其历史原因，当时红军经过此地时为凝聚民族情谊打下了良好基础。另外，团结、和谐也是我们今天社会的主旋律。

实践队员郭广瑜祖籍甘肃，数年前全家迁往宁夏，她说，刚来宁夏时，百姓多半住的平房，生活来源以种田为主，但田地多是旱田，百姓日子并不富裕。在中国共产党的领导下，宁夏经济形势越来越好，尤其是随着"西部大开发"战略的实施，使得西部地区奔驰在发展的快车道上。与过去相比，这股新活力使宁夏发生了翻天覆地的变化。农业上，针对气候变化，政府大力调整农业生产结构，发展绿洲灌溉农业，为宁夏平原地区添起一片新绿；工业上，得益于国家政策的支持，长征精神的鼓舞，宁夏人民将工业"底子薄，起点低"的现状扭转，发展起如石嘴山市循环经济工业园区等一系列现代化工业。行走在新长征途中的宁夏人民，不怕"远征"之难，如今生活富足，安居乐业，谈起党，谈起国家，满怀感恩。

实践队员杨瑞从小就听爷爷说，宁夏地处沙漠与黄土高原的交界地带。过去，沙尘让宁夏地区干旱的土壤蒙上贫瘠的面纱，山地里种出的庄稼会因缺水而死亡或减收，盖起的土房也会因突来的暴雨而垮塌，百姓艰难度日。那时候人们常有举家搬迁的念头，直到红军战士的到来，让大家看到了希望，看到了曙光。

时光荏苒，我们重走长征路，走在今天宁夏宽阔的大道上，我们明白，坚守在这片土地上的百姓传承了红军战士不畏艰苦的精神，才迎来今天的好日子。宁夏回族自治区政府干劲满满，根据当地的自有条件，大力发展以红色旅游为主的旅游业，吸引着来自全国各地的游客。种植业方面因地制宜，瓜果蔬菜样样丰收。农村里新砖瓦房盖起，柏油马路村村畅通；城市里高楼林立，霓虹灯街街闪烁，百姓正稳步走在现代化的路上。

在红军长征胜利 80 周年之际，我们重走长征路，忆起红军长征的艰难岁月，再看眼前我们幸福安定的生活，方知今日来之不易。青年人是革命的柱石，是革命果实的保卫者，也是推动历史前进的力量。我们重温红军长征的峥嵘岁月，下定决心要传承顽强不屈的长征精神，让长征精神永存。

贵州遵义：红色基因已融入我的身体

颜　丽（湖北工业大学电子信息科学与技术 2015 级本科生）

龚光媛（淮海工学院金融学 2015 级本科生）

调研时间：2016 年 7 月至 8 月

调研地点：红军山、娄山关、红花岗区红军街

1935 年 1 月至 3 月，长征红军在黔北境内转战历时 3 月。途中宣传发动群众，处处为"干人"着想，关心群众疾苦，打击土豪劣绅，为工农劳苦大众除恶雪恨。红军的革命活动，使老百姓确信红军是为工农群众谋利益的人民子弟兵，红军所到之处一片群众欢迎景象。

遵义的小龙山有一座红军烈士陵园，这里安息着 20 世纪 30 年代牺牲的红军烈士，我们习惯地称之为"红军山"。红军山上的青石板上写着红军先辈们的名字，密密麻麻，像一幅画卷，又像一首壮烈史诗。

红军山上有一座"红军卫生员小红之墓"。人们

每每路过此地，总会凭吊唏嘘。据史料记载，这位红军"姑娘"是卫生员龙思泉，男性，1935年随红军部队来到遵义桑木垭一带。为了帮助穷困疾苦又疾病缠身的农民们，他日夜奔走，走访各个村寨，为大家治病。时间长了，他的名字越传越远，方圆几十里的村民都请他诊病。

一天下午，一个穷孩子从十多里远的地方来请龙思泉，他的父亲患严重伤寒，高烧迟迟不退。龙思泉留在病人家里忙活了一晚上，未能及时返回部队。而此时，部队接到了新的任务急需撤离。来不及通知，首长留下一张纸条。次日，龙思泉告别了乡亲们，按照纸条所指方向急速前进。突然，一阵枪声传来，大家远远看到龙思泉倒了下去。

因为敌人在追查红军，乡亲们只得悄悄地找个隐蔽的地方把他安葬了。大家不知道他的名字，只好在大树下立了"红军坟"的牌子。此后，乡亲们会经常来祭拜他，这位卫生员渐渐被传说成温柔善良的女菩萨。

英灵已去，精神犹存。此后在红花岗战役中牺牲的红军将士们，无论"大红""小红""老红"，都在这里安家了。青山有幸埋忠骨，这里理所当然地被称为红军山了。

娄山关位于遵义县（今播州区）北面，依附于巴蜀之地，屹立于海拔1560米的大娄山上，地势极其险要。1935年，红军于此取得长征第一大胜利。毛

娄山关"遵义战役"的石刻 龚光媛摄

泽东为此赋诗《忆秦娥·娄山关》。"雄关漫道真如铁,而今迈步从头越",真如铁,可见夺取这座雄关的艰辛,以及革命队伍跨越雄关的勇气。

登上娄山关,路逐渐变得险要。一道道急转弯,盘旋在山上。如今,为了旅客们的安全,山路经过了修缮,但是规整的台阶仍然掩饰不住山势的陡峭。远处耸立着"娄山关红军纪念碑",笔锋斗转,气势雄浑,这碑文也体现出娄山关险要的地形和红军当年威武的气势。

史料记载,1935年2月25日临近午夜时分,朱德下令攻取娄山关,电令还明确规定,由彭德怀、杨尚昆统一指挥一、三军团。攻克娄山关,是夺取遵义的最重要一步。

25日上午9点,三军团十三团在彭雪枫率领下,向娄山关疾进,途中遇上赶赴桐梓增援的黔军杜肇九旅第六团,敌军王家烈的主力部队之一。黔军且战且退,由南溪口退守娄山关。

黔军被逼得没有退路,只得死守关口,红军攻关艰难。红军悍将彭雪枫没有等待后援,当即下令部队仰攻抢关，冲锋号吹响，顿时山鸣谷应。红军将士拼命向前，在枪林弹雨中冲刺，与敌人白刃肉搏。黔军哪里见过这般不要命的打法，士气低沉，溃不成军，十三团一鼓作气拿下了娄山关。

我们得知遵义红花岗区的红军街住着一位 95 岁的老红军，立刻决定前去拜访。这位老红军名叫李光，由于他身体不好，我们没能见到他老人家。庆幸的是，我们找到了他的外亲——大军叔叔。他给我们介绍了关于李光爷爷的故事。

大军叔叔说，1935 年 1 月 7 日，红军攻克遵义。李光爷爷这个时候加入红军，年仅 14 岁。红军在遵义招兵的时候，很多穷苦孩子参加了红军，参军愿望非常强烈。

"李光入伍的第一场战役，就是著名的青杠坡战役。每当他回想起当年沙场征战，仍然意气风发，精神十足，并深感今天的幸福来之不易。"大军叔叔说。

我们了解到，李光出生于遵义贫苦人家，幼年父母双亡，4 岁开始流浪，8 岁为地主家放牛，14 岁便加入了红军，跟着部队经历了长征。他习惯了枪林弹雨，也看遍了战友间的生离死别，屡立战功，后在解放战争中负重伤。新中国成立后他转业到地方，不居功名，默默为家乡做贡献。

大军叔叔说，李光爷爷认为当年中国被侵略，就是因为落后，而落后的直接原因就是民众没文化。李光没有上过学，是一种遗憾，所以让贫困学子上学，一直是他的愿望。

从 1995 年起，李光先后为遵义市龙坑镇、巷口镇等地 10 多所学校捐款，总计 30 万元。为了感谢他，遵义市将一所小学和中学分别改名为"李光小学"和"李光中学"。目前，他资助的很多学生都考上了大学。

在成为"红色圣地"之前，遵义作为昆筑北上和川渝南下的咽喉而被周围的人所知晓，这个原本不发达的小镇没有林间大道，没有出名的经济产业，山峰间隙中，小道夹存，蜿蜒险峻。

1935 年，一次会议让遵义成为中国共产党生死攸关的转折点，成为家喻户晓的"转折之城，会议之都"。

近年来，遵义政府大力宣扬红色文化，将遵义会议会址、娄山关、红军山等革命遗迹进行了翻修和改造。如今的遵义，是红色文化的"代言"，随处可见纪念长征的浮雕和博物馆，道路、书店甚至餐吧，可能都带有"红军""红色"等字样。晚上，广告牌上的"遵义会议光照千秋，长征精神激励万代"的标语更是醒目。

身为遵义人，我为家乡感到骄傲。这么多年，遵义人没有因为岁月流逝淡忘历史，这里俨然是一个发散着红色精神的小镇。长征精神引领着一代又一代的遵义人不畏艰险，奋勇前进。赤水河畔，到处是酒坊飘香，茅台酒走向国际，遵义的茶文化走在中国前列，我们还有了自己的机场新舟机场，港口更是四通八达。

身处红色重镇，我们从小就知道当年有一群伟大的红军来过这里。因为有了他们的足迹，才有了红色遵义的铭牌；因为有了他们的付出，才有了我们今天美好的生活。岁月带走了他们的韶华青春，留下的是影响我们这些后辈的长征精神。

从 1934 年到 2016 年，82 年，岁月无法掩盖那段长征故事，长征精神仍然引领我们，为了祖国美好的明天，为了我们共同的信仰而努力。通过亲身探访娄山关、红军山等地，我们更加明白我们的幸福是前辈的鲜血换来的。时间带走了他们的背影，带来的是我们的笑颜。

长征虽已过去多年，但是长征精神将影响我们千秋万世。作为青年一代，作为携带红色基因的遵义人，红色基因早已经融入我的血液里，我将心怀坚定的信仰，为祖国的事业拼搏努力。

云南祥云：穿上红军衣服体验红军生活

杨茜茹（中南财经政法大学劳动与社会保障学 2015 级本科生）

杨玉英（中南财经政法大学刑事司法学 2015 级本科生）

李　轩（中南财经政法大学法学 2015 级本科生）

杨松琴（中南大学应用化学 2015 级本科生）

调研时间：2016 年 7 月至 8 月

调研地点：云南省大理祥云古城、刘厂镇

祥云县，地属云南省大理白族自治州，位于云南省中部偏西。素有滇西交通咽喉之称，是通往滇西八地州的必经之地，大理的东大门。

1936 年，红军长征过境此地，留下许多传奇佳话。当地人曾传诵："红军不来怕红军，见了红军爱红军，红军走后想红军，苦难临头盼红军。"

如今的祥云，经济获得了长足的发展，当地居民的生活水平显著提高。在这座历史文化悠久、旅游资源丰富的古城中，红军长征流传下来的红色文化与红色旅游始终占据着一席之地，成为当地旅游的一抹新亮色。

2016年7月30日，我们调研小组一大早便来到大理客运站集合，一起乘车前往祥云县。在祥云县，我们幸运地找到了中国远征军后裔、地方二战史研究者郭希柱老师作为我们的导游兼讲解员。

在他的带领下，我们先后参观了中国工农红军二军团指挥部驻地遗址、祥云县东门及钟鼓楼战斗遗址、祥云县刘厂镇鑫海庄园红色纪念馆等多处红军长征过境大理祥云县的遗迹。

云南祥云探访小组杨茜茹、杨玉英、李轩、杨松琴等人在刘厂镇鑫海庄园红色纪念馆合影　郭希柱摄

据由中共大理州委党史资料征集办公室编纂的《红军长征过大理州》一书记载，1936 年 4 月 16 日，红二军团攻克镇南（今南华），17 日推进到祥云普棚地区。红二军团六师星夜兼程于 18 日直抵祥云城郊，分别埋伏于城东、城南和城西，以迅雷不及掩耳之势包围了县城，做好攻城准备。19 日晨，六师十八团攻进了县衙。在红军强大的攻势威慑下，敌军纷纷缴械投降。红军在没有什么伤亡的情况下，干净利落地占领了祥云县城，活捉了县民团团总与县长，俘获县城防队、常备队 1000 余人。20 日，红军向父老乡亲们挥手告别，从祥云附近的村落出发，浩浩荡荡挺进宾川。红六军团在萧克、王震的率领下，于同日从盐丰过孔仙桥、人投关进入祥云县境，21 日与红二军团会合于宾川。

据郭希柱老师讲述，1936 年 4 月 17 日到 21 日，贺龙、任弼时率领的红二军团长征过祥云，攻克祥云县城，于北中街设军团指挥部，贺龙、任弼时二人在此居住，并让部队做短暂休整，同时，一边宣传党的政策，一边访贫问苦，分劣绅财产。

当天中午，我们调研小组乘车离开了祥云古城，赶往刘厂镇鑫海庄园红色纪念馆。在纪念馆里，我们看到了中国工农红军二军团指挥部驻地的还原场景，看到了当年红军的老物件，还穿上了红军服装，体验红军当年的生活。

在刘厂镇，我们寻访到了一位 96 岁高龄的传奇老红军——王德玉。红军长征过祥云时，他当时正是防守祥云的士兵之一，经历了红军攻克祥云的战斗，在红军的宣传下，王德玉老人体会到红军才是老百姓的队伍，随后便与祥云的热血青年一起，义无反顾地加入了红军，跟随红军长征。

96 岁高龄的王德玉老红军正在讲述红军长征过境大理祥云县的故事

杨茜茹摄

据老人讲述，他当年 16 岁时，从祥云县刘厂村家中被乡公所派到祥云县城去守城，到县城后，发现包括自己在内有一千多人被抽调来守城。到天要亮的时候，祥云县城的南门的土基墙被外面的红军打破，红军打入祥云县城。"红军叫我们放下武器，和我们沟通，说好话，让我们跟着他们一起去，当时大概有一千多人跟着红军去的。"

因为老人年龄比较大，很多事没办法记得很清楚，但是在访问过程中，老人反复强调着："那时候红军是来和我们说好话的！"

提起红军，老人有说不完的话，老人告诉我们，之前被当地的武装拉去防守祥云县城，都是被迫的，但是大家后来跟着红军走，却都是自愿的。

祥云因此成为云南省 47 个革命老区县之一，具有光荣的革命历史和优良的革命传统，也孕育了丰富的红色文化资源。当下，祥云县委、县政府正在努力破解制约旅游产业发展的"瓶颈"，着力培植红色旅游，让红色旅游在祥云众多旅游业态中牢牢占据一席之地，让这里的红军长征故事为更多人所知晓。

目前，祥云正紧紧抓住云南旅游二次创业的大好机遇，加大投资力度，加快市场开拓，努力把旅游产业作为祥云第三产业的龙头产业和县域经济发展的支柱产业来培植发展，积极推进旅游产业转型升级。

刘厂镇鑫海庄园红色纪念馆的负责人是红军的后人，他说："政府对红军长征的遗迹保护工作做得非常好，不仅出资金把这些遗址保护起来，还建立了爱国教育基地。这些事一定得有人去做，这样才能更好地把红军长征的精神一代代地传下去。"

郭希柱老师说，祥云曾经是一个落后的小县城，随着经济社会的发展，国家政策的支持，祥云的工业逐渐起步，一大批地方企业兴起，拉动了祥云县的经济，祥云的面貌已经大大改变，现在人们的生活也逐渐富裕。与此同时，当地人还越来越注重文化发展，在党和政府的扶持下建成了彩云明珠文化城重点项目和一些红色教育基地。

王德玉老人告诉我们，这几年来党和政府对新农村的建设很有成效，生活富裕，卫生整洁，交通方便，都是党和国家的努力的成果。

在此次调研实践，当我们亲耳听到王德玉这样的老红军讲述那段红色的历史，仿佛就是一次洗礼。因为我们都能从个人的视角去了解新中国的历史，去感受那风雨激荡的艰难岁月。这次的走访听到的故事比以前书上看到的生动多了，对自己的震撼最大。

通过和王德玉老人的交流，我们一行深刻体会到了当年红军长征的艰辛与牺牲，明白了生命的美好，也对这些过去的历史和曾经为了革命为了人民抛头颅洒热血的人愈加敬佩。

虽然像王德玉这样的老红军已至英雄暮年，很多也已经离我们而去，但他们的一生，就是一部红色的传奇，永远值得后人铭记。如今，他们身上的故事也伴随着他们的离开消逝在历史的长河中。我们能做的就通过这样的方式将他们的事迹记录下来，牢记过去，牢记传统，牢记长征精神，带着传承下来的红色基因，坚定"永远跟党走"的信念。作为新时代的年轻人，我们应该懂得感恩，懂得珍惜，同时要更加努力学习，走好我们自己的人生长征路，为建设祖国、实现中华民族的伟大复兴而奋斗。

第五辑

"90 后"的长征路任重道远

湖北郧西：老红军手心的温度

李天怡（华北理工大学法学 2014 级本科生）

喻　航（华北理工大学安全工程 2014 级本科生）

调研时间：2016 年 7 月至 8 月

调研地点：十堰市郧西县、郧县（今十堰市郧阳区）

红军长征时期，红二十五军是与红一方面军、红二方面军、红四方面军齐名的四支红军长征队伍之一。红二十五军在十堰市郧西县、郧县（今十堰市郧阳区）转战达两年两个月之久，创建鄂豫陕革命根据地。

十堰郧西是中国红军长征的见证地，是一块红色的土地。通过湖北党史《党史研究》上的资料，我们了解到了这些史实。

1934 年 11 月 11 日，红二十五军高举"中国工农红军北上抗日第二先遣队"旗帜，由程子华任军长，吴焕先任政治委员，徐海东任副军长，戴季英为参谋长，郑位三为政治部主任，全军 2980 人由河南罗山的何家冲出发西进长征，于 12 月 9 日进至雒南（今洛南）的庚家河。12 月 10 日，红二十五军、鄂豫皖省委在庚家河召开第十八次常委会，决定将鄂豫皖省委改称鄂豫陕省委，在鄂豫陕边区，包括陕西省东南部、湖北省西北部的十堰郧阳地区和河南省西部的部分地区，创建新的革命根据地。红二十五军主力挥师南下转移到郧西地区，开辟了郧西、镇安、山阳、旬阳四县边区革命根据地。

1935 年 1 月，红二十五军主力抵达山阳、郧西、旬阳交界处，发动群众，创建了鄂陕边第一块革命根据地。这一时期，红军足迹遍及郧西、山阳等四县边界，以摧枯拉朽之势，横扫地方民团和反动政权，发动和组织群众，广泛建立乡村苏维埃基层政权。红二十五军在郧西庙川地区，大、小新川一带，以及东川村、西川村、桃园沟村、秋树林村都建立了苏维埃

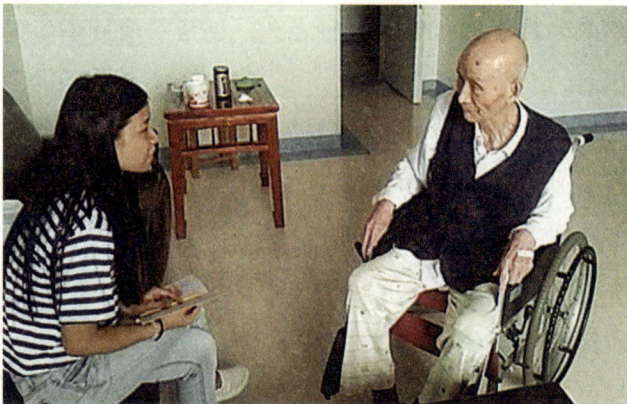

实践队员正在采访乔守恩老人　　喻航摄

政府。

同年 1 月 22 日，部队由徐海东、程子华率领来到了郧西一天门、二天门、三天门、泗峡口一带。红二十五军军部机关以及所属分队，驻扎在郧西泗峡口、虎坪、红岩等地。

我们查阅资料得知，红二十五军从 1934 年 12 月长征进入郧西，至 1937 年 2 月红七十四师开赴三元整编，坚持在十堰的郧西、郧阳区斗争达两年两个月之久。

调研时我们得知，十堰参加过长征的老红军中，只有乔守恩一人还健在。乔老先生现在 96 岁高龄，因为身体原因在东风总医院住院部接受护理治疗。

乔老先生生于四川。14 岁时随红四方面军一起长征，爬雪山、过草地。他 30 岁退役，1966 年和家人一起到十堰，先后在"一汽""二汽"工作。

从乔老先生口中我们得知，红军出发的时候有八万多人，可是最终到达陕北的只剩下不足三万人。途中因为战斗、饥饿、伤冻，很多人都牺牲了。一次，部队从毛尔盖出发向北行进，摆在部队面前的，是一片大沼泽。后有国民党的追兵，部队必须通过这片沼泽地。

"草地天气变化快，一会儿是烈日，一会儿下雨，一会儿下雪。每天天一亮，部队就开始走，晚上找个山坡宿营。天气很冷，大家就背靠背坐着取暖……最让人揪心的是，草地里有很多沼泽。一些看起来普通的草地，人一踩下去，就慢慢地往下陷，很多同志陷进沼泽里，还有牲口，它们驮着的重武器也沉入稀泥里，想拉都拉不起来。"这是乔老先生所描述的过草地的情境。

在海拔 3000 多米的草地上，人都会缺氧，更别说红军经长途跋涉，缺乏给养，体质已极度虚弱。再加上气候多变，昼夜温差大，白天多雨，晚上强劲的寒风夹着雪花向露宿的红军袭来。红军从南方到这里，除了身上的单衣，再无御寒之物，每天清晨，宿营地都有身上落满霜雪冻得僵硬的战士遗体。

听乔老先生断断续续地讲述些零星片段，我们重温着艰苦卓绝的长征。

十堰是凿山而建。为了建设十堰，一大批热血青年将血汗泼洒在这片土地上，奉献了他们年轻的生命。凭着长征时练就的不怕难、不怕苦、身先士卒的献身精神，乔爷爷退役后就在十堰扎根，一干就是好几十年，把自己的后半辈子都献给了十堰。这亦是一场长征！

乔老先生说："我们刚来十堰啥都没有，那时候，十堰就只有一条公路。"当时十堰因为没有桥，人们都从河水中蹚过。开始在十堰工作的时候，大家要开拓荒地、凿山，"只能解决基本温饱问题，有衣穿有饭吃就够了。现在就不一样了，眼见着十堰人民的日子一天天好起来，外来人口也多了"。

与乔老先生见面的几个细节，令我们印象深刻。

见到乔老先生时，他身体看上去很健康，可以自己滑动轮椅。他说话的思路清晰，眼睛非常有神，唯独听力不太好，需要我们大声说话才行。由于年迈，他的牙齿不全，吐字不太清晰。对我们的采访，我能感觉到他很高兴。

我们准备离开时，他伸出手来要和我们握手。他的手是冰凉的，但眼神却和蔼而热切。这不仅仅只是简单的握手，更是一种红军精神的传递。此时，我们在心中默念，作为祖国的90 后年轻人，我们要好好努力，继承和发扬红军长征精神，把我们伟大的事业继续向前推进。

在郧阳革命烈士陵园见证
新党员宣誓　　喻航摄

郧阳地处鄂豫陕渝毗邻地区，见证了长征历程。7 月 17 日，我们前往郧阳烈士陵园。

这里留下了红二十五军的战斗足迹。在抗战和红军长征期间，有 4 万余人参军参战，两千余人壮烈牺牲，涌现了如党的秘密工作者杨献珍等民族精英，留下了贺龙、徐向前、李先念、王震等将军的故事。先后有 19 名党和国家领导人在郧县参战，有 12 位军事家、369 位开国将帅在郧阳留下嘉言懿行，垂范后人。

我们下车后步行 1 公里多的路程，到了位于杨家山山顶的郧阳烈士陵园。长征时期在郧阳牺牲的英烈在这里长眠。我们站在山脚，一抬头便看见高耸入天的烈士纪念碑。如同敬仰那些已故的革命烈士般，我们在山脚仰望着。几百名革命烈士在这里安息，他们的精神将永垂不朽，化作甘泉，哺育着我们整个民族。

"我志愿加入中国共产党，拥护党的纲领，遵守党的章程……"此时，一批新党员正在纪念碑下面对党旗宣誓。一个神圣的仪式，他们说的誓词坚决有力。

采访了老红军乔爷爷后，我认识到我真的就像我爸妈所说的那样，是在蜜糖罐里长大的。我从来没穿过带补丁的衣服；离家十分钟路程的地方就有小卖部，出售各种零食；只要坐上十几个小时的火车，就可以到离家两千多公里的唐山上大学。今天，重温红军长征史实，缅怀先烈，我更懂得了珍惜今天的道理，更懂得要发扬长征精神，奋发有为，将家乡和祖国建设得更美好。

江西于都：30万人守住一个秘密

刘　潞（中南民族大学保险学 2015 级本科生）

肖　蕃（中国地质大学电子信息工程 2015 级本科生）

谢巍宁（南昌大学新闻学 2015 级本科生）

调研时间：2016 年 7 月至 8 月

调研地点：中央红军长征出发纪念馆、于都县革
命烈士纪念馆、毛泽东旧居遗址、于都县工农兵革命
委员会旧址、长征文化馆

　　贡江是江西省南部的一条河，也是赣江的一条支
流。因为河的北面有一个县叫于都，当地老百姓把贡
江流经于都的河段称为于都河。于都河并不算一条特
别秀美或者壮阔的江河，它在中国革命史上却有着不
朽的声名——人称"于都长征第一渡"。中央红军长
征就是从于都河上开始的。它不仅标志着伟大的长征
从于都开始，也象征着革命的火种就是从这里撒向中
国的大江南北。

　　于都，一座坐落于江西南部、贡江江畔，拥有千

年历史的文化古县，也因长征烙印上了深深的红色印记。

由于博古、李德等人"左"倾教条主义的错误领导，坚持阵地战、消耗战为主导致了中央红军第五次反"围剿"的失败。为了保留革命火种，中央红军被迫实行战略转移，离开井冈山革命根据地，向着国民党力量薄弱的湘西地区转移。

1934年10月8日开始，各军团陆续从战场撤离，开赴于都集结。10月10日，中共中央、中革军委机关也由瑞金出发，向于都开进。10月16日，各部队在于都河以北地区集结完毕。10月17日至20日晚，中央红军主力五个军团及中央军委机关和直属部队共8.6万余人，分别从8个渡口渡过于都河，踏上战略转移的征途，开始了著名的长征。

当时虽然红军在于都县城、乡镇等多地分散集结，然而红军数量众多，保密成为了至关重要的任务。而于都是一座拥有30万人口的县城，一座城30万人，为红军和长征保守住了秘密。

在中央红军出发前，部队要求每个人携带好三天的口粮，可是红军将士突围到于都时，已没有多余的口粮，只好求助于于都人民。男子汉们昼夜不停地转着磨米的石磨，妇女们忙着编织布鞋、煮着家里仅有的几个鸡蛋……一切都为红军长征做着最后的准备。

当时的贡江水面宽阔、水流湍急，没有渡河的桥梁，也缺乏渡船。于都人民就划着自家的小船，甚至

江西于都小组探访中央红军
长征出发地东门渡口遗址
谢巍宁摄

拆卸下自家的门板、床板，用来搭建浮桥帮助红军渡河。有一位七十多岁的曾姓老大爷捐出了自己的寿材，作为搭建浮桥的原料。周恩来听闻后感慨道："于都人民真好，苏区人民真亲。"

为了防止国民党飞机的侦察，中央红军选择了夜间渡河。10月17日晚至20日晚，数以万计的男女老少伫立在各个渡口，为红军送行。于都人民撑着小船、举着火把，帮红军构架浮桥。贡江两岸，老少里三层外三层，把即将告别的战士们紧紧围住。百姓把煮熟的鸡蛋、炒好的花生、缝制完的布鞋塞在红军战士们的手中。歌曲《十送红军》正是诉说此时此刻于都老百姓对红军的不舍。

红军由此与于都结下了不解情缘，这里是长征出发的地方，这里也是每一位红军魂萦梦绕的源头。中央红军夜渡贡江，从这里开始了伟大的长征，最终消除压迫和剥削，建立代表最广大人民群众根本利益的人民政府。

于都籍长征亲历者大多都已去世，我们只好转向中央红军长征出发纪念馆进行询问。

陈列的藏品有一双绑着毛线球的草鞋。这是一位老红军的未婚妻为其编织的。

这位于都老红军叫谢志坚，在跟随中央红军出发长征的前夕，他的未婚妻春秀送给他这双鞋。鞋是由黄麻编织而成的，质地柔软，经久耐穿。

对他而言这双鞋异常珍贵，所以在长征途中他不舍得穿。总共才穿过两次，但这两次意义非凡。第一次是在红军巧渡金沙江的时候，江岸的当地老百姓热情地欢送红军过江，不禁让他回想起于都贡江边乡亲们十送红军的场景，想起了春秀，于是他乐滋滋地穿上了它。另一次是在强渡大渡河时。由于战斗非常激烈，随时有牺牲的危险。他当时想，就算是死了也不能和春秀分开，就这样他第二次穿上了它。新中国成立后，他带着这双鞋回来找春秀，令人唏嘘的是春秀在红军长征后不久，就被国民党反动派杀害了。

20 世纪 80 年代，在他把鞋捐给纪念馆的前夕，他亲手把毛线球绑在鞋上，以缅怀未婚妻。让人动容的不仅是他们的爱情，更有他们为了国家舍去相聚团圆，投身于革命中去的精神。我想，这种成全大我牺牲小我的精神，存在于每个红军战士的一生里。

于都县有一位叫肖玉女的妇女当时新婚才一个月，就鼓动自己的丈夫参加红军。村干部问她："你舍得吗?"她坚定地回答："这有什么不舍得的?不脱鞋，下不了地;施了田，才有饭吃。等打倒了国民党，我们的好日子还长着呢。"

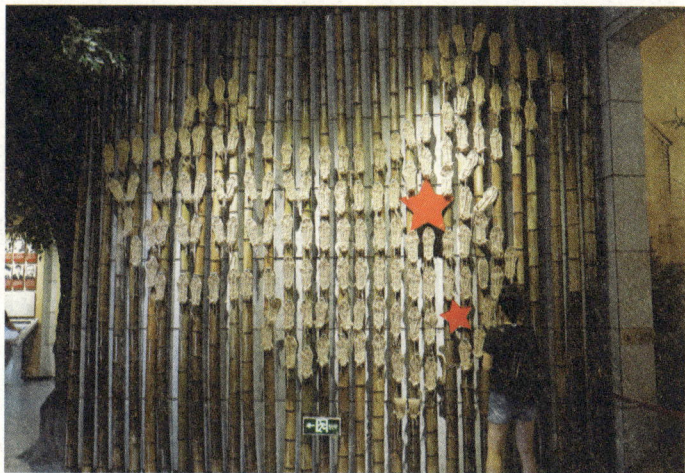

中央红军长征出发纪念馆里用草鞋组成的中国地图

谢巍宁摄

从这个故事不难看出，当地群众对红军的理解和支持，难怪光于都县就有 6 万群众投身加入红军，也涌现出如丁盛、张耀祠这样的声名赫赫的优秀爱国将领。于都人民为革命作出了重大贡献和巨大牺牲，但由于种种原因，经济社会发展滞后，成了国家级贫困县。为此，国家发改委批准了《瑞兴于经济振兴试验区发展总体规划》，以求带动经济发展改善当地民众生活环境。

如今，贡江江面上有了红军大桥、长征大桥、渡江大桥等 23 座桥梁，彻底解决了两岸通行的困难。在党和政府关心下，于都县招商引资，形成了以有色冶金、新型建材、机械电子、现代轻纺和食品加工为主导的五大支柱产业，并深入挖掘本地资源、兴办工业园区。

长征是宣言书，长征是宣传队，长征是播种机。因为长征，中国的革命形势转危为安，革命的火种撒遍了祖国大江南北。在长征胜利 80 周年之际，于都作为长征出发地，诸多长征纪念活动的启动仪式在这里的中央红军长征出发纪念碑前的广场举办。

我们有幸参加了这次长征精神挖掘的活动。这次探访不仅让我们去探寻那些历史故事，更是让我们更近距离地体会到长征精神，铭记历史，不忘初心。

我们的团队中有一名国防生。作为一名未来的军人，他对长征有着更加深厚的情怀和触动。他认为，我们这一代人的和平、富足是另一群伟大的陌生人所成就的。他们燃烧了自己的岁月，才换来我们无忧无虑的青春。

有些人觉得，当兵太苦太累，将最美好的年华封闭在军营中，不值得。他却不这么认为。不离爹娘，不成栋梁。在同龄人还在享受着家庭的荫庇，在大街闲晃时，国防生已经换上一身迷彩，匍匐在铁丝网下流汗流血。作为国防生，他很庆幸自己能够有机会参与此次活动，因为他比同龄人更加理解不屈不挠的长征精神，更清楚感受到自己血液里流动的"红色基因"。

四川泸定：任重道远仍要坚定前行

王孝芊（中南财经政法大学税收学 2014 级本科生）

调研时间：2016 年 7 月至 8 月

调研地点：泸定桥、红军飞夺泸定桥纪念碑、泸定县城

泸定县隶属四川省甘孜藏族自治州，位于二郎山西麓，界于邛崃山脉与大雪山脉之间，大渡河由北向南纵贯全境。

泸定桥自清以来，为四川入藏的重要通道和军事要津。1935 年 5 月，中国工农红军长征，来到大渡河边。此时，前有天堑，后有追兵，3 万红军眼看着就要被敌人包围在河畔。跨过大渡河只有一条路，那便是抢夺距离他们 320 里的泸定桥。

以 22 位勇士为先导的红军突击队，冒着敌人的枪林弹雨，在铁索桥上匍匐前进，一举消灭桥头敌军守卫。"飞夺泸定桥"，打开了红军长征北上抗日的通道，谱写了中国革命史和世界军史上"惊、险、奇、

绝"的战争奇迹，使之成为中国共产党重要的历史纪念地。

今年暑假，我回到家乡四川省泸定县，再次来到泸定桥边，体会当年的惊心动魄，追思长征路上红军战士的英勇无畏。

当泸定桥出现在眼前时，它再次让我震撼。长达百米的铁索桥悬于大河之上，"栏杆"仅是两行索链，行人走过晃晃悠悠。险！我不禁感叹。今天，即使没有虎视眈眈的追兵，铁索上也铺满了桥板，我们站在桥上仍感觉战战兢兢。想当年，敌人拆去了80多米的桥板，剩下的仅是13根乌青的铁索，红军勇士挂枪扛刀，在溜滑的铁索链上，顶着炮火猛攻，匍匐爬行冲向对岸，这是何等的英雄气概！

站在铁索桥头，脚下是滔滔大渡河。从讲解员的介绍得知，泸定桥是中国共产党长征时期的重要里程碑，具有重大历史意义；"飞夺泸定桥"为红一、二、四方面军会合，最后北上陕北结束长征奠定了坚实的基础，有"13根铁链劈开了通往共和国之路"的壮美赞誉。

新中国十大元帅，有七位长征时经过了泸定桥。当时在激战后的泸定桥上，刘伯承元帅用脚重重地在桥板上连跺三脚，感慨万千地说："泸定桥，泸定桥，我们为你花了多少精力，费了多少心血，现在我们胜利了，我们胜利了！"朱德在回忆长征时，曾题写"万里长江犹忆泸关险"的诗句，这些都充分说明了红军

飞夺泸定桥纪念馆内雕塑，表现 22 位红军勇士冒着敌人的炮火，奋勇前进的场面　　王孝芊摄

长征"飞夺泸定桥"的艰险与壮烈。

　　离开泸定桥，我们拜访了已故老红军陈定安的后人陈德林，陈定安当年曾听战友讲述飞夺泸定桥的经历。陈德林告诉我们，父亲生前总在跟他讲，过泸定桥是多么艰难、惨烈。"最难忘的是当时枪林弹雨"，敌人攻势猛烈，无数子弹在身边穿梭，有的战友被击中，坠入冰冷的大渡河中。将士们浑身沾满鲜血，分不清是自己的还是战友的，顾不上手里的铁索被烧得火热，抱着一线希望，勇猛冲向对岸。

　　我的心情久久不能平静。在他们眼里，生命并非轻如鸿毛，但为了革命征程和大部队的安危，他们英勇无畏献出自己的生命。长征路就是这样一条用鲜血和生命铺筑的艰难道路。回忆起当年的血雨腥风，我们不由地心生崇敬之情。

在我的家乡泸定县，红色基因仍在延续。"鲜艳的队旗眼前飘扬，红军的火炬代代相传"，悦耳的童声合唱从泸定桥小学传来，该校的命名即是为纪念81年前那场激烈的战斗。这里的小学生几乎都知道飞夺泸定桥的来龙去脉。学校从2005年开始在全校班级中评选"二十二勇士中队"，小队员们经常走上街头，义务传播红军长征精神。"飞夺泸定桥"已成为泸定人引以为荣的历史。

在县城里，几位老乡说，近年来，他们的生活发生了翻天覆地的变化。泸定县是康巴藏区进入四川盆地的重要咽喉要道，由于地处二郎山脚，发展被山势所限，交通不便导致这里经济发展相对落后，教育质量、生活水平都不高。近年来，在党和国家关心、重视下，二郎山隧道建成，雅康高速（雅安至康定）在建，预计2017年完工。泸定交通状况届时将极大改善，为各方面发展打开通道。

交通便利为泸定旅游经济的发展提供了契机。这几年，当地大力发展红色旅游文化和特色景点，吸引众多全国游客慕名前来。每逢旅游旺季，游客络绎不绝，他们纷纷走上铁索桥，体验飞夺泸定桥的惊险壮烈。与旅游业相配套，当地的旅馆业、饮食业也纷纷壮大，当地人自主创业，努力改善自己的生活。

家乡经济的发展可喜，更令人欣慰的是，人们对教育更重视了。如今的泸定人视野开阔，思想前瞻，努力学习新东西，"百年大计，教育为本"的思想深入人心。

近年来，泸定人响应党和国家教育号召，在教学方式上大胆创新。比如，县内各中小学引入国内重点学校网络直播课资源，让山里的孩子跟着网络直播上课，接受到最新的教学成果。泸定县还将优先发展教育摆在重要位置，落实教育惠民政策，数千名学生参加"9+3"免费职业教育，即九年义务教育完成后，将学生送往教育优势城市进行3年专职技术培训，再返乡支持家乡建设。这个举措不仅突破了教育受到的地理局限，解决了学生的就业难问题，也让当地人才不再频频流失。

这座昔日贫穷落后的小县城，热闹、繁荣、兴盛了起来，泸定人正在奔向幸福的未来。

探访结束后，我们在泸定听到的两个故事，萦绕在脑海挥之不去。

红军到达化林坪时，全身被雨淋湿，又冷又饿，但他们牢记"不拿群众一针一线"的纪律，就地砍柴取暖。当地人杨赵氏深受感动，红军走后，她从火堆里取出一个未燃尽的树疙瘩，作为纪念物放在自家神龛里保存了下来。如今，这块树疙瘩还保存在纪念馆里。

红军路过冷碛村时，一位班长住在吴大娘家，吴大娘主动给红军补衣服，班长临走时送给吴大娘一些钱和一个提篓作为纪念。这个提篓被吴大娘视作珍宝，也在纪念馆保存完好。

在泸定，类似的故事还有很多。老百姓们留存的不只是纪念物，更是长征的精神，作为不能忘却的精神财富，将世代传递下去。

作为泸定人，新时代的"90后"大学生，长征精神值得我们永久缅怀、铭记。

重走长征路，感受不再止于书本上的文字，所闻所见，真切感人。"大渡桥横铁索寒"，这句诗落在心头，从未如此沉甸甸。强渡大渡河、血洒泸定桥，是"铁的意志"换来了红军的最后胜利，谱写了红军长征的宏伟篇章。面对死亡威胁，谁能不怕？但为了革命事业，"红军不怕远征难"，视死如归，坚忍不拔地在长征路上挺进，他们用实际行动诠释了理想信念的伟大。长征虽然过去80年了，但在这部数万红军用生命和鲜血书写的英雄史诗里，每一个字都闪烁着震撼心灵的光辉，每一行诗都有一股力量沉淀在我们的民族血液中。

作为大学生，我们平时也会因学业叫苦叫累，甚至想过放弃，现在想来，那些困难简直轻若尘埃。重温革命先烈们在长征途中的艰难困苦，把长征精神牢记于心，将有助于建立正确的时代价值观，以饱满的热情，投入知识的海洋，不断充实自己、武装自己。

红军长征不怕困难、勇往直前的品质，将永远是年轻学子求学道路上的明灯。

今天虽已是和平年代，但在我眼中，一条新的长征路正在脚下。家乡地处偏远山区仍是事实，发展经济、奔向小康依旧任重道远。前方并非坦途，充满各种困难险阻，这就更需要我们今天重温长征历史，将长征精神中的不屈不挠、坚忍不拔在今天用行动诠释，坚定前行，攻克难关，迎来家乡、国家的繁荣昌盛。

湖北英山：新一代青年人不能忘根

徐　琰（湖北工业大学光电信息科学与工程 2014 级本科生）

王超群（国际经济与贸易 2014 级本科生）

胡　涵（中南民族大学商务英语 2015 级本科生）

陈秋丽（武昌首义学院环境工程 2014 级本科生）

调研时间：2016 年 7 月至 8 月

调研地点：湖北省黄冈市英山县陶家河乡、金家铺镇、桃花冲、南河镇

英山县位于湖北省东北部，大别山主峰天堂寨南麓。这是一片充满红色记忆的土地，1934 年，驻扎在皖西的红二十八军被编入红二十五军，于 1934 年 9 月 16 日至 10 月 28 日进驻英山陶家河休整。1934 年 11 月 16 日，红二十五军组成"中国工农红军北上抗日第二先遣队"，开始从英山北上长征。如今，红二十五军、红二十八军经过的遗迹，分布在这个县的各乡镇的各个角落。

英山县陶家河村是一个有着红二十五军足迹的乡镇。7月11日，我们前往此处调研。

1934年10月，国民党军队对我红二十五军驻地陶家河进行"围剿"。红二十五军2800余人在此与国民党四十七师、五十四师等4万多人激战两天一夜，击退敌人进攻。10月底，接上级命令，红军主力在茫茫夜色中离开陶家河北上，高举"中国工农红军北上抗日第二先遣队"的旗帜开始长征，留下一个连负责阻击敌人。

留守的红军在数十倍敌人的残酷进攻下，坚守阵地，与敌人殊死搏斗，最后全部壮烈牺牲。由于牺牲的烈士大多数是外地人，没留下姓名等任何身份信息。

当地有这样的记载，未及时撤离的几位红军战士被敌人抓住活埋，其中有一个年仅14岁的小红军。陶家河的群众不忍心，冒着生命危险，一齐跪地求保不成，与敌拼斗，未能救下小红军。事后，群众将小红军的遗体与其他牺牲的红军战士合葬，立碑纪念，年年祭奠。

当日上午十时许，我们到达了陶家河乡。在这个徒步十分钟就可以走完的乡镇边缘有一座小山，叫作牛背

陶家河村红二十五军纪念碑　　　　徐琰摄

脊骨。这就是当时红二十五军与敌激战的地方。至今，当地仍流传"红军长征由此去，血战牛背脊骨山。桂枝山里红军洞，曾养红军伤病员"的诗句。

一块并不宏伟的红二十五军纪念碑，坐落在这座小山的半山腰上。纪念碑旁是一座纪念馆和一方无名英雄墓，烈士墓上记载了发生在陶家河乡的战斗。当日走访过程中，只要问到牛背脊骨，每位受访者都主动跟我们讲起红军在此血战的故事。

实际上，陶家河村远远不止牛背脊骨山红军战场这一处遗址。如今，在陶家河村高家畈，建有红二十五军纪念碑和纪念馆，自此向东 300 米，有红军塘遗址；向南 1 公里，有徐海东军部遗址；向北 8 公里，有红军湖、红军医院等多处遗址。每年都有许多人慕名而来，瞻仰革命遗址遗迹。这里已成为鄂东地区重要的传统教育基地和爱国主义教育基地。

英山县东北部的桃花冲，距离陶家河十来公里。当年，红二十五军、红二十八军在这儿组建，刘邓大军千里挺进大别山也曾路过这里，无数革命先烈在这儿洒下鲜血，留下了红军医院、大竹园会议遗址、军政旧址等一系列红色景点。

调研桃花冲，采访了老人陈贵志。他小时候，家里曾住过红军伤员。

提起往事，老人干涸的双眼顿时湿润了。当时医护人员不足，当地老百姓主动向医护人员学习如何照顾伤员并志愿在医院里服务。红军医院里床位不足，老百姓们便抢着将伤员抬到自己的家中悉心照料。生活条件很艰苦，老百姓们经常吃不饱，但是他们宁愿自己喝米汤挨饿，也要给伤员们一碗干饭吃，并上山为伤员们挖野菜吃补充营养。讲到这些，老人的声音几度哽咽。

老人说，当年家里穷，兄弟姐妹多，吃不饱穿不暖是常事。在那位姓刘的红军战士住进家里之后，生活节俭的母亲竟然变得慷慨，拿出了家里预备过年用的米粮来给刘同志吃。"吃饭的时候总是让刘同志先吃，可他哪里肯吃那米饭？母亲为了让他吃就说大家都已经吃过了，这是留给他的。在刘同志吃完之后，母亲才偷偷地把锅里剩下的米饭掺水煮成粥给自己家人吃，分到每个人碗里的几乎只有米汤。"

"小时候不懂事，总是恨母亲偏袒外人，后来长大了才明白母亲的深明大义。如果刘同志还在，我一定要当面说声感谢。"陈贵志说，刘同志在病中教他们几个兄弟姐妹识字，几乎可以算作他们的启蒙老师。后来刘同志走的时候，大家都很舍不得。在那种艰难时期建立起来的情谊，一辈子都忘不了。"红军长征胜利已经 80 年了，我们不用再上山挖野菜吃了，和平来得不容易，要感谢党。"

在英山县红山镇的光荣院里，我们采访了 86 岁的胡世仁老爷爷。

胡世仁感慨，以前穿的都以灰、土、黑三色为主，布料大多是自家织的老粗布。那时候一件衣服从新到旧常常要穿好几个人，衣服破烂不堪了，还舍不得扔掉。现在一些时尚的休闲服已经普遍，衣服五颜六色。"看着家乡同胞越来越富裕，我打心眼里高兴。"

是的，家乡如今发展了，人们常说英山有四宝——空气好、茶醒脑、温泉澡、蚕宝宝。此次在桃花冲风景区，我们发现，很多游客带外地口音，武汉的、合肥的……实际上，家乡英山距离武汉才一个半小时车程，距离安徽合肥也两个小时车程。曾经孤寂在大别山深处的小县，如今不仅交通便利，而且茶园众多、生态景点撩人。

据我们了解，家乡英山已经有 20 多万亩茶园，面积之大在湖北省首屈一指，在全国都排到了第四的位置。茶叶是乡亲们主要的经济来源，也是家乡人最主要的饮品。早在 2013 年，英山的茶叶年产值就已经领跑湖北省的茶经济了。如果家里来了贵客，乡亲们定会泡上一杯正宗上等的英山好茶。在家乡，森林覆盖率超过 70%，一年之中有 360 天空气优良。好客、好空气、好风景成了家乡人致富的法宝。

站在乌云山茶叶公园，放眼望去群山环抱，茶园叠翠，一栋栋农家小楼镶嵌其间。这就是家乡发展的缩影。

红军长征胜利至今已经 80 多年了，在与几位老人交谈中，我们深刻体会到了这 80 多年间家乡发生的巨大变化。时代在变换，家乡在前所未有地大突破、大跨越和大发展；思想不断解放，观念不断更

新。幸福来之不易，我们更要珍惜。少年强则国强，
我们"90后"的新一代青年不能忘根，要继承伟大
的长征精神，为建设社会主义和谐社会尽自己最大的
努力。

四川冕宁：清清彝海边的结盟故事

陈宥辛（中南民族大学社会工作 2014 级本科生）

调研时间：2016 年 8 月

调研地点：四川省冕宁县城厢镇、冕宁县彝海乡

冕宁县位于四川省西南部，凉山彝族自治州北部，是凉山彝族自治州唯一的革命老区县，具有光荣的革命传统。红军长征经过冕宁时，这里发生了著名的"彝海结盟"故事，谱写了民族团结的光辉篇章。

在大凉山地区解放后，彝族人民直接从奴隶社会进入到社会主义社会，可谓是"一步跨千年"。80 多年前，清清彝海亲历了"歃血为盟"的悠悠往事；80 多年后，彝海更加见证了冕宁人民的生活巨变。

2016 年 8 月，我首先来到了红色冕宁纪念馆，在纪念馆内，我详细了解了红军长征经过冕宁的情况。

纪念馆的图文资料显示，1935 年 5 月 19 日，听闻红军将至，国民党县政府官员及县城驻军共 200 余

人向北逃窜。

当时，冕宁县教育界有声望的云中祥老先生在县城城隍庙主持群众大会，商议为红军筹备粮草及欢迎红军等事项；确定专人看管东街观音堂仓库粮食，以备红军需用。并推选向德纶、李发明前往泸沽配合地下党员代表欢迎红军。冕宁人民还打开了县监狱，释放了在押"囚犯"。

5月20日凌晨，司令员刘伯承、政委聂荣臻所率领的中央红军先遣一团、先遣二团抵达泸沽。中共冕宁地下党员派人前往泸沽向先遣团首长汇报冕宁无敌情况、中共地方组织活动情况及从泸沽可通往大渡河的大小路径。

当晚10时许，红军干部团进驻石龙场，群众挂上"欢迎"字样的灯笼，并送来茶水、荞面馍慰问红军。

21日，先遣团进入县城，群众贴标语、挂红灯、放鞭炮热烈欢迎他们进驻大桥场。此后，红一军团进

彝海结盟纪念雕塑

陈宥辛摄

201

至县城，军委纵队进石龙场。

红军穿越大凉山地区路过冕宁时，有一段被凉山人民津津乐道的故事，那就是刘伯承元帅与彝民首领小叶丹在彝海歃血为盟的传奇经历，即历史上的"彝海结盟"。

据红色冕宁纪念馆史料记载，当时根据中革军委指示，红军需从冕宁火速行军至大渡河，并赶在国民党军队截击部队到达之前迅速抢占大渡河。但从冕宁到大渡河，中间隔着大凉山地区。这里聚居着中国西南部的少数民族——彝族，彝族在当时处于奴隶社会。

据陈云同志回忆，"四川之彝家为川人所最畏惧者，安宁河以东之大凉山为彝家之根据地"。萧华同志在回忆录中这样写道："彝族人民性情强悍……汉族狡黠的商人经常利用彝族人民的朴实诚恳，对他们进行欺诈和剥削；国民党军阀则经常对他们进行'剿讨'和抢掠。这一切，都引起了彝族人民对汉人的猜忌和敌视，种下了极深的成见。"

在当时的情况下，想要通过大凉山地区需要特殊手段。红军先遣队先调查了彝民的风俗习惯，在部队中普遍进行了党的民族政策的宣传教育，并带上了一名通司（即翻译）同行，随后在一处山岭中见到了彝族部落首领小叶丹的四叔。在商谈中，红军表明了红军的宗旨与意图。小叶丹的四叔看到红军纪律严明，不像国民党"官兵"一样烧杀抢掠。因此，对红军表现出了极大的热情，并愿意让红军与小叶丹结盟。

在彝海的见证下，双方杀鸡歃血，结为兄弟。虽然只是一个简短的仪式，却为红军穿过大凉山地区，抢渡大渡河争取了宝贵的时间。

彝海结盟的故事在凉山地区、在冕宁县已经传为一段佳话，并且一代接一代地传颂开来。当年落后闭塞的冕宁县如今发生了翻天覆地的变化，成为一座宜居、宜业、宜商的现代红色生态田园城市。

冕宁县政府聘请国内顶尖的规划单位重新规划县城，逐步形成了以城北商业服务片区、行政服务片区、城南配套服务片区、老城生活片区、西部田园生态社区、东部山体住宅片区、安宁河湿地景观片区为主体的"七区互动，多廊渗透"的城市发展新格局。

近几年，城市新区开发建设促进旧城改造，全面推进道路交通、娱乐休闲、供排水、天然气、污水处理、垃圾处理等市政基础设施建设。目前，小东河步行街区正以"人文、康体、休闲、环保"的生态标签，在冕宁迈开特色商业步行街的时尚步伐；集红色文化宣传教育与健康休闲于一身的红军草地公园，已成为红色冕宁、宜居冕宁的新地标；城区路网质量提升，城市供排水、亮化、公共娱乐等公益设施日臻完善；复兴"稀土名镇"、漫水湾生态旅游特色小城镇、彝海"红色新镇"等特色小城镇建设，正以"产城相融、产村相融"的发展态势有序推进，宜居、宜业、宜商的现代城镇体系已具雏形。

刘伯承与小叶丹结盟处

陈宥辛摄

冕宁先后被评为"四川省绿化模范县""省级新农村建设成片推进示范县""省级新村基础设施建设项目县考核双优秀""第十届四川省双拥模范县"。

当我结束调研时，站在彝海边时，原始的自然风景美不胜收，周边的纪念物则在提醒着人们那段"彝海结盟"的长征故事。

往事悠悠。身在彝海乡的彝族同胞告诉我，如今冕宁人民生活水平不只是每年在显著提高，而是每一天都在提高，这多亏了党的政策支持，才能让我们住在乡镇上的大房子里，而不是回到大山中去生活。

这次回乡探访更让我对红军长征有了新的理解，对现在幸福生活的来之不易有了更深刻的认识。作为"90后"青年，我们应该更加珍惜革命先辈用鲜血与牺牲换来的美好局面。

在未来的人生道路上，作为有红色基因的青年一代，家乡的红色印记已深深铭刻在我的心里，鞭策我坚定信仰，走好自己的长征路。正如在这片红色土地上抛头颅洒热血的革命先辈一样，我也要为实现中华民族的伟大复兴贡献一份力量。

湖南通道：青春在奉献中焕发光彩

杨幸蓉（中南民族大学英语 2015 级本科生）

陆安伟（中南民族大学公共管理 2015 级本科生）

调研时间：2016 年 7 月至 8 月

调研地点：通道会议会址、通道县县溪镇、播阳镇、杉木桥乡小水村、传素瑶族乡梨子界

湘江战役后，红军进入湘桂边境的群山，翻过老山界，来到了如今的湖南通道侗族自治县。1934 年 12 月 12 日，在这里召开了一个有关红军生死存亡的会议——通道会议。这次会议，是长征以来毛泽东同志的正确意见首次得到采纳，红军决定向敌人力量薄弱的贵州进军。通道会议为中央政治局召开黎平会议做了必要准备，也为遵义会议的胜利召开，实现历史的伟大转折，创造了前提条件。通道会议也称"通道转兵"。这一转，转变了红军的命运，改变了中国革命的历史。

通道会议旧址——恭城书院，是一座独具侗族特色的木楼。书院前临碧波荡漾的恭水河，后靠满目苍翠的罗蒙山，曾是通道县的"最高学府"。

红军长征纪念馆就静静地伫立在恭城书院旁边，毛泽东等人的石像雕塑也静静地矗立在纪念馆正前方。

纪念馆中，馆藏丰富，存有多件红军长征途经通道时留下的物品。整座纪念馆之中，最为显眼的就是转兵会议桌。当我们站在这桌子旁边时，伴随着纪念馆馆长生动而深情的讲述，不自觉地，脑中开始出现当时毛泽东同志据理力争、力排众议的画面。

馆长介绍，1934年12月，红军主力部队连续突破敌人四道封锁线，中央红军历经重重险阻到达通道境内，在县溪（通道县老县城）紧急召开了一次生死攸关的"飞行会议"——史称"通道会议"。根据当时的形势，在此次会议中，中央军委多数同意并采纳毛泽东同志的正确主张——放弃北上湘西与红二、六军团会合的原定计划，改成向敌人部署力量相对薄弱的贵州突围。

之所以说通道会议是一次"飞行会议"，是因为它是临时决定召开的，而且时间也很短，但就是这个"短会"产生了深远的影响。由于通道会议采纳了毛泽东同志的正确意见，从此，处于危难之中的红军开始摆脱困境，逐渐走向胜利。

7月27日，我们来到了通道县老县城——县溪镇。将县溪镇一分为二的水渠是由播阳、通道两河汇合而成，水流急深，既是一道天然的壕堑，也是南来北往的水上要道。这里也是红六军团先遣部队渡江的渡口。

1934年中秋时节，由任弼时、萧克等人领导的红军长征先遣队红六军团按照大部队转移计划，从绥宁进县溪镇。县政府的官员们惊恐万状，逃跑之前，把进城必经的渠水河上的浮桥拆掉，妄图以河作为天然屏障阻止红军进城。后来，红六军团在排工薛昌纪等人的帮助下成功渡河。这故事在当地流传至今。

薛昌纪老人仍健在，家住通道县播阳镇。因老人身体不适，我们对他的儿子薛万斌进行了采访。薛万斌说，他从小就听父亲讲关于红军渡江的故事。那是1934年9月的一天下午，父亲和其他排工像往常一样驱排顺江而下。临近县溪段时，看到前面有一支人员众多的军队。那个时候，碰到军队是让人感到恐惧的，但当排工们临近红军大部队时，并没有发生强抢的情况。"老乡，老乡，赶快靠岸，赶快靠岸。我们有急事同你们商量！"薛老等人不敢怠慢，只能将木排停靠了过去。"老乡，不用怕，我们是萧克的队伍，是红军，咱们是一家人。现在，我们想借你们的木排渡过江面去，不知道可不可以？"薛老等人觉得不可思议，他们什么样的军队都见过，就是没见过这么和气的队伍，因此二话没说就将木排借给了红军，成功帮助红军渡过汹涌的江面。

7 月 29 日，我们来到通道县杉木桥乡小水村。映入眼帘的是宽敞的柏油马路，整齐排列在路边的住房，热闹的集市，以及公共健身场所。耳中不时传来村民阵阵欢声笑语。几十年的快速发展，让这个曾经偏僻落后的小村庄，发展壮大成了一个略具规模的乡镇。

1934 年 9 月初，红六军团甩掉国民党军十九师、二十二师的追击，沿着湘桂边缘地带择路北上，奉令挥戈再度进入湖南。与此同时，湖南军阀前来截击，并占据了小水，以阻红军西进。

据村民刘光森老先生讲述：经过两天两夜的浴血奋战，红六军团大部才通过小水，摆脱敌人向溪口、菁芜洲方向进发。而掩护部队在弹尽粮绝后，面对三百多敌人的进攻，毫不畏惧，他们决心与阵地共存亡，以此来拖住敌人，掩护大部队快速撤退。掩护部队的唯一去路是西南面 50 多米高的悬崖。为了不落入敌军之手，打到最后的战士全部跳崖牺牲，为大部队的撤离争取到了大量的时间。

我们跟随刘老先生徒步来到悬崖。那里已是芳草丛生，不远处，一座战斗纪念碑静静地矗立在那里。瞻仰着碑上"红军精神永存"几个大字，我们内心是沉重的，但更多的是敬重！

8 月 1 日，在村民李艳忠先生的带领下，我们沿着曲折的山路，来到了通道县传素瑶族乡梨子界。如若不是山坳上挺立的红星亭、孤寂凄凉的烈士墓，我们很难想象到这座深山也有一段悲壮的历史：

1934 年 12 月 11 日，红一军团警卫营从广西进入湖南，到达梨子界地段。在秘密潜伏的敌军指引下，多架敌机对这个区域进行狂轰滥炸，红军部队遭受了惨重伤亡。在余下红军撤离后的当天早晨，传素乡的瑶族同胞冒着敌人搜山、杀头的危险，爬上梨子界山去搜救幸存战士，掩埋英烈遗体，但他们见到的是让人不忍直视的悲壮和惨烈：在一片焦土上，没有一具完整遗体，凭借细数遗存的肢体才弄清，共有20 多位红军壮烈牺牲。

"红一军团的邹开棉老前辈，是在梨子界战争中幸存下来的。"李先生说，邹开棉当时腿被炸伤，被村民救回了村里。敌军对村庄进行严密搜查，村民为了掩护好邹开棉，把他藏到了牛棚里。一个星期后敌军离开，邹开棉被接到村民家养伤，半年后得以康复，后来一直居住在下乡寨。

通道侗族自治县位于湖南省西南边陲，怀化市最南端，素有"南楚极地，百越襟喉"之称。总人口23 万人，有侗、汉、苗、瑶等 13 个民族，曾被列为国家扶贫开发工作重点县。

红军途转通道，短短两三天时间，却给通道的未来带来了新的可能。曾经的通道只是一个人口近 10 万的贫困县城。交通不便，经济落后，城镇化水平很低。老一辈人曾叹惋十天八餐，忍饥挨饿，整个通道最先进的交通工具是两台"东方红"拖拉机。

　　转兵通道，转运侗乡。从建县至今，通道县在中国共产党的领导下，在改革开放政策的指引下，抓住了每一个发展的机会。伴着红军永不磨灭的长征精神，通道书写着不断奋进的篇章。近些年来，顺应国家开展的"重走长征路"和"红色旅游"计划，通道县积极招商引资，大力发展红色旅游，规划红色旅游路线，吸引众多外地人来旅游观光。这直接使当地经济发展提速几倍，让当地人民过上更优裕的生活，当地的民族文化和山水风景走出了深山，更多人了解到这个曾经挽救中国红军的转折地。曾经落后的县城，搭上了新时代的班车，开启了新的征程。

　　中国特色社会主义事业正在如火如荼地进行着。作为当代青年，我们决不能成为拖后腿者，要铭记历史，反思现在，相信党的领导，坚定不移地跟着党前进，勇做走在时代前列的奋进者、开拓者、奉献者。

后　记

　　为期 2 个月的"红军从我家乡走过——百名大学生眼里的长征"暑期社会实践活动，鼓励大学生重走先辈们的长征路，在实践中感悟长征精神的伟大意义，记取先辈奋斗带给我们今天的幸福，从探访中领悟身上所肩负的实现中华民族伟大复兴的使命。

　　本书精选了 31 篇大学生优秀征文，希望通过这本书让更多人感受到长征是宣言书，长征是宣传队，长征是播种机。追寻红军长征的足迹，感受人类英雄主义的壮丽史诗，深切领会中国共产党人为人民解放矢志不渝的艰苦奋斗，让红色基因代代相传，光耀未来，照亮新的长征路。

　　李俊、张厚琛、刘敏、刘功虎、黄哲、黄琪、柯兵、田小春、欧阳春燕、宋磊、万建辉参与了本书的加工整理。胡雪璇、朱广宇、陈佩、王彬彬、赵阳、张静参与组织联络学生。

责任编辑：刘　伟

责任校对：吕　飞

图书在版编目（CIP）数据

红军从我家乡走过：百名大学生眼里的长征／长江日报 编著 . —北京：
　人民出版社，2018.4

ISBN 978－7－01－018651－1

I.①红… 　 II.①长… 　 III.①中国工农红军长征－通俗读物

　IV.① K264.409

中国版本图书馆 CIP 数据核字（2017）第 299712 号

红军从我家乡走过

HONGJUN CONG WO JIAXIANG ZOU GUO

——百名大学生眼里的长征

长江日报　编著

人民出版社 出版发行

（100706　北京市东城区隆福寺街 99 号）

北京中科印刷有限公司印刷　新华书店经销

2018 年 4 月第 1 版　2018 年 4 月北京第 1 次印刷

开本：710 毫米 ×1000 毫米 1/16　印张：13.75

字数：189 千字

ISBN 978－7－01－018651－1　定价：49.80 元

邮购地址 100706　北京市东城区隆福寺街 99 号

人民东方图书销售中心　电话（010）65250042　65289539